Nosso amplo presente

FUNDAÇÃO EDITORA DA UNESP

Presidente do Conselho Curador
Mário Sérgio Vasconcelos

Diretor-Presidente
Jézio Hernani Bomfim Gutierre

Editor-Executivo
Tulio Y. Kawata

Superintendente Administrativo e Financeiro
William de Souza Agostinho

Conselho Editorial Acadêmico
Áureo Busetto
Carlos Magno Castelo Branco Fortaleza
Elisabete Maniglia
Henrique Nunes de Oliveira
João Francisco Galera Monico
José Leonardo do Nascimento
Lourenço Chacon Jurado Filho
Maria de Lourdes Ortiz Gandini Baldan
Paula da Cruz Landim
Rogério Rosenfeld

Editores-Assistentes
Anderson Nobara
Jorge Pereira Filho
Leandro Rodrigues

HANS ULRICH GUMBRECHT

Nosso amplo presente
O tempo e a cultura contemporânea

Tradução
Ana Isabel Soares

editora
unesp

© Suhrkamp Verlag Berlin 2010
Todos os direitos reservados e controlados
pela Suhrkamp Verlag Berlin
© 2015 Editora Unesp

Título original: *Our broad present: time and contemporary culture*

Direitos de publicação reservados à:
Fundação Editora da Unesp (FEU)
Praça da Sé, 108
01001-900 – São Paulo – SP
Tel.: (0xx11) 3242-7171
Fax: (0xx11) 3242-7172
www.editoraunesp.com.br
www.livrariaunesp.com.br
feu@editora.unesp.br

CIP – Brasil. Catalogação na fonte
Sindicato Nacional dos Editores de Livros, RJ

G984n

Gumbrecht, Hans Ulrich, 1948-
    Nosso amplo presente: o tempo e a cultura contemporânea / Hans Ulrich Gumbrecht; tradução Ana Isabel Soares. – 1.ed. – São Paulo: Editora Unesp, 2015.

    Tradução de: *Our broad present: time and contemporary culture*
    ISBN 978-85-393-0600-8

    1. Estética. 2. Experiência. 3. Filosofia. 4. Espaço e tempo na literatura. I. Título.

15-24468   CDD: 121.68
                                            CDU: 124.2

Editora afiliada:

Asociación de Editoriales Universitarias
de América Latina y el Caribe

Associação Brasileira de
Editoras Universitárias

Sumário

Considerações iniciais 7
Na senda de uma hipótese 9

1. Presença na linguagem ou presença adquirida contra a linguagem? *19*
2. Uma antropologia negativa da globalização *33*
3. Estagnação: Temporal, intelectual, celestial *59*
4. "Perdidos na intensidade focalizada": Esportes de espetáculo e estratégias de reencantamento *77*
5. Admiração constante num presente em expansão: Da nossa nova relação com os clássicos *93*
6. Disponibilidade infinita: Da hipercomunicação (e da terceira idade) *113*

No amplo presente *131*
Referências bibliográficas *143*
Índice remissivo *147*

Considerações iniciais

O capítulo 2 foi inicialmente publicado com o título "A Negative Anthropology of Globalization" [Uma antropologia negativa da globalização], na coleção organizada por Francisco González, *The Multiple Faces of Globalization* (Madri: BBVA, 2009, p.230-41); o capítulo 3 foi primeiro publicado com o título "Stagnation" [Estagnação], em *Merkur: Deutsche Zeitschrift für europäisches Denken*, n.712-3 (Berlim: Klett-Cotta, 2008, p.876-85); o capítulo 4 foi publicado inicialmente como "Lost in Focused Intensity: Spectator Sports and Strategies of Re-Enchantment" [Perdido na intensidade focalizada: desportos de espectador e estratégias de reencantamento], no volume organizado por Joshua Landy e Michael Saler, *The Re-Enchantment of the World: Secular Magic in a Rational Age* (Stanford: Stanford University Press, 2009, p.149-58); o capítulo 5 foi primeiro publicado com o título "Warum wir Klassiker brauchen. Ideengeschichten aus dem Kalten Krieg" [Por que precisamos dos clássicos. História das ideias da Guerra Fria], no volume *Zeitschrift für Ideengeschichte* (Munique: Beck, 2010, p.111-2); o capítulo 6 foi inicialmente publicado com o título "Infinite

Availability: About Hyper-Communication (and Old Age)" [Disponibilidade infinita: da hipercomunicação (e da velhice)], no volume organizado por Ulrik Ekman, *Throughout: Art and Culture Emerging with Ubiquitous Computing* (Cambridge: MIT Press, 2012) e republicado em *Matters of Communication: Political, Cultural, and Technological Challenges to Communication Theorizing* (Nova York: Hampton, 2011, p.13-22). "Na senda de uma hipótese"; "Estagnação: temporal, intelectual, celestial" e "No amplo presente" foram traduzidos do alemão para o inglês por Henry Erik Butler.

Na senda de uma hipótese

Um colega bem famoso, já aposentado, de quem sempre admirei as obras, os argumentos e a elegância intelectual, diz muitas vezes de si mesmo, com aparente modéstia, que em toda a sua vida teve "só uma ideia boa". Logo depois de uma pausa estudada para pesar o efeito das palavras, muda o sentido do que acabou de dizer e acrescenta que não é um caso assim tão grave, dado que "a maioria das pessoas nem sequer chega a isso". Gostaria de seguir aqui o exemplo da pessoa que menciono e que se chama Hayden White. Nas quatro décadas que já levo de pesquisa e escrita, a minha única ideia (que, espero, terá tido algum impacto) toma a forma de uma teimosa insistência em que as coisas-do-mundo, seja qual for o modo do nosso encontro com elas, possuem uma dimensão de presença. Isso acontece apesar de a nossa atenção, cotidiana e acadêmica, se centrar na interpretação e no sentido — e mesmo apesar de quase sempre ignorarmos a dimensão da presença em nossa cultura.

Por "presença" pretendi dizer — e ainda pretendo — que as coisas estão a uma distância de ou em proximidade aos nossos corpos; quer nos "toquem" diretamente ou não, têm uma substância.

Discuti este assunto no livro *Produção de presença*, que em alemão foi publicado com o título *Diesseits der Hermeneutik*. Dei-lhe esse título, que pode ser traduzido como *Hermenêutica deste mundo*, porque me parece que a dimensão da presença merece prioridade em relação à prática da interpretação, que atribui sentido a um objeto. Não porque a presença seja "mais importante" do que operações de consciência e intenção, mas talvez porque seja "mais elementar". Ao mesmo tempo, o título alemão denuncia algo que se parece com a suave revolta edipiana de um homem que já passou a barreira dos 50 anos. Relegar a interpretação e a hermenêutica a um terreno (por assim dizer) estritamente acadêmico era a minha pequena – e mesmo mesquinha – vingança contra uma opressora tradição de "profundidade" intelectual que via corporizada em alguns dos heróis das profundezas que se encontravam entre os meus "pais" acadêmicos. A minha formação bem como as minhas (des)inclinações nunca deixaram que me sentisse completamente ajustado a uma tal profundidade.

Foi de maneira quase natural – se, de fato, isso fosse possível no mundo intelectual – e quase sem nenhum objetivo programático particular que a minha intuição sobre a presença foi se desenvolvendo em três direções. No livro *Em 1926: Vivendo no limite do tempo*, que antecedeu *Produção de presença*, perguntava que consequências poderia ter na nossa relação com o passado uma atenção dada à dimensão de presença. Num ensaio sobre a beleza atlética, propus a mesma questão, relacionando-a à experiência estética. Por fim, em *The Powers of Philology* [Os poderes da filologia] procurei demonstrar que a dimensão da presença é invariavelmente um fator a considerar nos encontros de tipo textual.

Mais tarde – e ainda não abandonei por inteiro esta esperançosa ambição – quis saber se teria a boa sorte de achar uma segunda ideia. (Inspirado por Jorge Luis Borges, imaginei que o que seja intelectualmente decisivo não consiste em "descobrir" nem em "produzir" ideias, mas antes em "tropeçar" nelas e em "tentar alcançá-las" – captar as ideias e dar-lhes forma.) Infelizmente, ainda não "apanhei" uma segunda ideia, e todos os projetos que tenho procurado seguir nos anos mais recentes são extensões óbvias da minha intuição sobre a presença. Tentei descrever o *Stimmung*, a relação que mantemos com o nosso ambiente, como fenômeno de presença – o "mais tênue toque que ocorre quando o mundo material à nossa volta afeta a superfície do nosso corpo". Publiquei a obra sobre os anos que se seguiram à Segunda Guerra Mundial[1] porque acreditava que nesse período predominou uma forma de "latência" – ou seja, uma presença, entendida como uma espécie de "passageiro clandestino", que pode produzir efeitos e irradiar energia, ao mesmo tempo que escapa à possibilidade de ser identificada e apreendida.

Depois de terem sido publicados os livros sobre a presença, recebi de amigos, cuja opinião prezo muito, um sério incentivo para continuar pensando sistematicamente e escrevendo sobre as consequências existenciais e mesmo éticas daquelas obras. Suspeito que isso teria exigido demasiado de mim mesmo – ou teria eu, meio conscientemente, incorrido em falsa modéstia para ocultar uma aversão visceral à "ética" e a outras formas de literatura prescritiva e de "autoajuda"? Fosse como fosse, as minhas reservas não eram tão consistentes quanto a isso. Conforme provam os capítulos do livro que agora o leitor tem em mãos (para não

---

1 *Depois de 1945*: latência como origem do presente. Trad. Ana Isabel Soares. São Paulo: Editora Unesp, 2014. [No original, *After 1945*: Latency as Origin of the Present. Stanford: Stanford University Press, 2013.] (N. T.)

falar de outras obras), de bom grado fui induzido, vez ou outra, a analisar os fenômenos sociais e culturais da nossa contemporaneidade a partir da perspectiva da presença – ou, pelo menos, a esboçar as linhas que tal análise poderia assumir. Atrás de cada parte deste livro houve oportunidade e exortações para o fazer, apesar de eu sempre ter procurado escapar a elas, alegando uma absoluta falta de competência, ou dando qualquer outra razão. Os humanistas têm a obrigação e o privilégio de praticar o "pensamento de risco". Por outras palavras: em vez de nos subordinarmos a esquemas racionais de prova e aos constrangimentos do sistema, nós, os "cientistas do espírito" (*Geisteswissenschaftler*), deveríamos tentar confrontar e imaginar o que poderia provir de uma perturbação do cotidiano e dos pressupostos subjacentes às suas funções. Darei um exemplo básico: não é possível "fugir" dos ritmos e das estruturas que constituem o nosso presente globalizado, nem das suas formas de comunicação; mas, ao mesmo tempo, é importante agarrarmo-nos firme à possibilidade de o conseguir, na medida em que isso nos dá uma alternativa àquilo que aceitamos demasiado rapidamente como "normal".

Os capítulos do livro que agora se apresenta convergem num ponto superficial – o que não significa inconsequente – com o mundo contemporâneo, na medida em que surgiram quando, ao aceitar solicitações de terceiros, justifiquei e desculpei aquilo que vim a escrever como exemplos de risco intelectual. Mais tarde, tive leitores bem-intencionados que descobriram – e também eu descobri, através de suas observações – que existia um outro plano de convergência, no qual se uniam as análises e os argumentos dos capítulos, resultando num diagnóstico complexo e de contornos definidos do presente. A complementaridade e a coerência que, *a posteriori*, se tornam evidentes devem-se, claramente, ao fato de que cada parte do livro se desenvolve através de duas cadeias de pensamento muito diferentes na sua origem e na sua tonalidade. A primeira é a tese (inspirada em Michel Foucault e Niklas Luhmann) de que a emergência da observação de segunda ordem deu forma à estrutura epistemológica da cultura ocidental desde o começo do século XIX. Reinhart Koselleck chamou esse período, entre 1780 e 1830, de *Sattelzeit* ("tempo-sela" ou "período-sela"); daí em diante, o pensamento autorreflexivo tornou-se o hábito dos intelectuais e passou a ser sinônimo do próprio pensamento.

Mas se, por um lado, procurei contextualizar o meu relato e a minha análise do presente em termos das consequências da institucionalizada observação de segunda ordem em 1800, também é fato que, de vez em quando, cedi à tentação de conceder à história da epistemologia uma ressonância que vem da tradição da crítica cultural. Talvez este tom de melancolia tenha se ouvido de início no começo do materialismo do século XVII, no sentido em que representava o protesto existencial (e jamais verdadeiramente "político") contra uma cultura que, de maneira cada vez mais unilateral, instaurava uma fundação transcendental na estrutura e nas funções da consciência humana — fase acompanhada pelo desgaste da corporalidade concreta enquanto substrato da vida humana. Nos nossos dias — quando para a maioria das pessoas o cotidiano decorre como fusão da consciência com o *software* — este processo atingiu níveis que dificilmente serão ultrapassados. Enfatizo um tom culturalmente crítico, pois nisto meu pensamento se encontra com as tentativas de outros pensadores de descrever o nosso presente, mesmo se simultaneamente delas se distingue. O corpo humano — e com ele as coisas-do-mundo — recebe agora atenção e interesse renovados, sob as categorias de "biopolítica", "política do corpo", ou "ecocrítica". Este é, também para mim, um ponto no qual convergem trajetórias múltiplas. As observações dos meus contemporâneos quase sempre envolvem uma crítica da situação atual e sugestões para mudá-la. Porém, devido a um ceticismo fundamental relativo à possibilidade de liderar os acontecimentos – ou de, em parte, alterá-los –, prefiro manter uma distância de precaução. Acredito que as situações que hoje enfrentamos representam uma continuação da evolução humana "através de meios culturais". Por esse motivo – e apesar de parecer o contrário – elas se encontram totalmente fora daquilo que podemos esperar controlar.

Uma estrutura intelectual para analisar o presente resulta no ponto em que a história da epistemologia decorrente da emergência da observação de segunda ordem se cruza com a crítica de teor melancólico. Em parte, os capítulos do livro pressupõem esta convergência; em parte, desenvolvem-na. Para esta estrutura é fulcral a ideia de que à configuração do tempo desenvolvida no início do século XIX se seguiu, nos últimos cinquenta anos (e com efeitos cada dia mais evidentes), uma outra configuração para a qual ainda não existe um nome. O título atribuído ao cronótopo agora obsoleto – "pensamento/ consciência histórica" – dá conta do fato de que chegou a estar de tal maneira institucionalizado que poderia se confundir com o próprio tempo. Pode-se dizer que o último feito de Koselleck foi ter conseguido historicizar, contra esta tendência, a própria consciência "histórica". Para fornecer um pano de fundo e um contraste para o cronótopo que rege nosso tempo, gostaria de apresentar, em seis pontos, os aspectos da estrutura histórica descrita por Koselleck.

Primeiro, a humanidade "historicamente consciente" se imagina num percurso linear, movimentando-se no tempo (assim, não é o próprio tempo que, como acontece em outros cronótopos, se movimenta). Segundo, o "pensamento histórico" pressupõe que todos os fenômenos são influenciados pela mudança no tempo – ou seja, o tempo surge como agente absoluto de transformação. Terceiro, à medida que a humanidade se movimenta ao longo do tempo, acredita que vai deixando para trás o passado; a distância permitida pelo momento presente deprecia o valor das experiências passadas enquanto pontos de orientação. Quarto, o futuro se apresenta como horizonte aberto de possibilidades em direção ao qual a humanidade vai construindo o seu caminho. Entre o futuro e o passado – este é o quinto ponto –, o presente se estreita até ser um "breve momento de transição, já não perceptível" (nas palavras de Baudelaire). Acredito – sexto ponto – que o presente assim estreitado dessa "história" veio a constituir o hábitat epistemológico do sujeito cartesiano. Ali estava o lugar onde o sujeito, adaptando experiências do passado ao presente e ao futuro, fazia escolhas entre as possibilidades que este último lhe oferecia. Escolher entre as opções que o futuro oferece é a base – e a estrutura – daquilo que chamamos de "agência" (*Handeln*).

Ainda hoje reproduzimos o tópico do "tempo histórico" nas conversas do dia a dia e também nos discursos intelectuais e acadêmicos, mesmo se ele já não nos dá a base para os modos como adquirimos experiências ou como agimos. Que já não vivemos no tempo histórico pode ser mais claramente entendido com relação ao futuro. Para nós, o futuro não se apresenta mais como horizonte aberto de possibilidades; ao invés disso, ele é uma dimensão cada vez mais fechada a quaisquer prognósticos – e que, simultaneamente, parece aproximar-se como ameaça. O aquecimento global continuará, com todas as consequências que vêm sendo previstas há algum tempo; a questão consiste em saber se a humanidade conseguirá reunir crédito suficiente para mais alguns anos, antes que cheguem os mais catastróficos resultados desta situação. Apesar de todo o discurso sobre como supostamente perdemos o passado, outro problema que o novo cronótopo expõe é que deixamos de ser capazes de legar seja o que que for para a posteridade. Em vez de deixarem de oferecer pontos de orientação, *os passados* inundam o nosso presente; os sistemas eletrônicos automatizados de memória têm um papel fundamental nesse processo. Entre os passados que nos engolem e o futuro ameaçador, o presente transformou-se numa dimensão de simultaneidades que se expandem. Todos os passados da memória recente fazem parte deste presente em ampliação; é cada dia mais difícil excluirmos do tempo de agora qualquer tipo de moda, ou música, das últimas décadas. O amplo presente, com seus mundos simultâneos, ofereceu, sempre e já, demasiadas possibilidades; por isso, a identidade que possui – se possui alguma – não tem contornos definidos. Ao mesmo tempo, o fechamento da futuridade (ao menos, *strictu senso*) torna impossível agir, pois nenhuma ação poderá ocorrer onde não houver lugar para projetar a sua realização. O presente em expansão dá espaço para o movimento em direção ao futuro e ao passado; mas esses esforços parecem redundar no regresso ao ponto de partida. Aqui, produzem a impressão de uma "mobilização" intransitiva (tomando emprestada a metáfora de Lyotard). Tal movimento imóvel frequentemente revela estar estagnado, revela o fim do propósito dirigido. Então, se o presente estreito da "história" era o hábitat epistemológico do sujeito cartesiano, deverá emergir uma outra figura de referência (e de autorreferência) no presente amplo. Poderá essa figura explicar a razão pela qual, de uns anos para cá, sentimos a pressão intelectual – que, com o passar do tempo, só se intensifica – de, mais uma vez, transformar os aspectos de sua *physis* em parte do modo como imaginamos e conceitualizamos os seres humanos?

Nosso amplo presente

No nosso presente, a disposição epistemológica para modelar uma figura de autorreferência que esteja mais solidamente enraizada no corpo e no espaço se depara com um desejo que emergiu como reação a um mundo determinado por uma excessiva ênfase na consciência; trata-se de um desejo que, conforme vimos, encontrou tom e expressão no traço melancólico da crítica cultural. Então, dentro do novo presente em expansão existem sempre duas dinâmicas, atraindo para sentidos opostos e formando, simultaneamente, um campo de tensão. De um lado, está a insistência na concretude, na corporalidade e na presença da vida humana, em que o eco da crítica cultural se funde com os efeitos do novo cronótopo. Tal insistência se opõe à espiritualização radical, que se abstrai do espaço, do corpo e do contato sensorial com as coisas-do-mundo – é o "desencantamento" implicado no "processo de modernização". Entre esses dois poderosos vetores, nosso novo presente começou a desenrolar a sua forma particular e a ordenar uma fascinação única.

Tenho ouvido com frequência a crítica, ou objeção, de que estou alinhado clara e até nostalgicamente do lado da presença e dos sentidos, contra as conquistas culturais da consciência, da abstração e, por fim, da tecnologia eletrônica. Tais observações estão certamente corretas, e não me preocuparei em defender-me delas. Parece-me desnecessário fazê-lo, acima de tudo porque não procuro de modo algum tornar minhas escolhas em reivindicações normativas. Ainda assim, apelaria para o direito de idade – que já vai avançando – para me ser permitido manter alguma distância, até mesmo uma distância polêmica, em relação aos desenvolvimentos dos tempos mais recentes. Estou certo de que o mundo eletrônico, seu ritmo e suas formas de comunicação me são repugnantes e difíceis de aceitar porque iniciaram sua marcha num momento em que eu – com uns 40 anos de idade – já encontrara determinados ajustes na vida e no trabalho do dia a dia, que me faziam sentir confortável e produtivo. Muitos deles – por exemplo, escrever longas notas em cartões de leitura de superfície suave, ou ditar a correspondência num pequeno dictafone – parecem hoje ilhas de atividade ameaçadas por uma inundação eletrônica que jamais recuará.

O futuro de nosso planeta cada vez mais quente transforma-se numa visão que tenho de um presente tecnológico, já de um passado distante, que se expande em direção ao nosso amplo presente. Nós que somos mais velhos não teremos o direito de permanecer em nossas ilhas tanto tempo quanto for possível? Por que razão deveríamos adaptar-nos, desajeitados, às exigências da eletrônica que domina o novo presente? Já vivemos num vasto momento de simultaneidades. Não é necessário nos expulsarem – a nós, que incorporamos um de muitos passados – dos nossos refúgios no amplo presente.

1
Presença na linguagem ou presença adquirida contra a linguagem?

"Da linguagem à lógica – e vice-versa", título da palestra de Rüdiger Bubner na abertura do Congresso de Hegel 2005, continha uma semelhança estrutural com o movimento que proponho (e que fui convidado a) abordar. Começarei a partir da linguagem, procurando atingir alguma coisa que não seja linguagem; posteriormente, pretendo regressar à linguagem a partir dessa alguma coisa que não é linguagem. Ao invés de "linguagem", contudo, no meu ensaio, aquilo que não é linguagem será o que passei a chamar de presença.

Dividirei em três partes a apresentação deste simples movimento de vaivém. A primeira contém quatro premissas que nos conduzirão da linguagem à presença:[1] são a explanação mais breve

---

1 Estes pressupostos estão explanados e discutidos em maiores detalhes no meu livro *Production of Presence: What Meaning Cannot Convey* [Ed. bras.: *Produção de presença: o que o sentido não consegue transmitir*]; traduzido em alemão com o título *Diesseits der Hermeneutik. Die Produktion von Praesenz*. Sobre um possível lugar para esta reflexão acerca da presença nos debates filosóficos atuais, ver o meu ensaio "Diesseits des Sinns. Ueber eine neue Sehnsucht nach Substantialitaet" (In: *Merkur*, n.677-8, 2005, p.749-60).

possível daquilo que me desagrada e que critico no âmbito da tradição hermenêutica (a), crítica essa que tornará transparentes as minhas concepções de "metafísica" e de uma "crítica de metafísica" (b). Estas noções justificarão o meu uso da palavra *presença* (c) e a distinção tipológica que proponho fazer entre "cultura da presença" e "cultura do sentido" (d). A segunda parte da minha breve reflexão definirá um caminho de retorno (ou uma variedade de caminhos de retorno) da presença à linguagem, através da descrição de seis modos pelos quais a presença pode ou não existir na linguagem; ou, em outras palavras, seis modos pelos quais a presença e a linguagem poderão amalgamar-se (a metáfora da amálgama aponta para um relacionamento principalmente difícil, mais do que natural, entre presença e linguagem). Os modos a que me refiro são: linguagem como presença, presença no trabalho filológico, linguagem que pode desencadear a experiência estética, a linguagem da experiência mística, a abertura da linguagem ao mundo e a literatura como epifania. Na terceira parte, em retrospectiva, questionarei se esses seis tipos de amálgama entre presença e linguagem nos terão conduzido a um horizonte de perguntas e problemas semelhantes ao que Martin Heidegger tentou abordar quando, na última fase da sua filosofia, usava com crescente insistência a evocação metafórica da linguagem como "a casa do Ser".

I

Quando os meus colegas, críticos e teóricos literários se referem à "linguagem", estão normalmente pensando em alguma coisa que requer "interpretação", que nos convida a atribuir sentidos bem circunscritos a palavras. Tal como outros críticos literários e, creio, mais ainda com os filósofos da minha geração (dos quais

Jean-Luc Nancy será o caso mais evidente),[2] cansei-me dessa intelectualidade de sentido único que tem se fundamentado e sustentado num certo entendimento da hermenêutica, estreito mas, apesar disso, totalizante. Também vivi durante muito tempo o absolutismo de todas as variedades pós-linguísticas da filosofia como intelectualmente limitativo, e não achei consolo naquilo que gosto de caracterizar como o "existencialismo linguístico" da desconstrução, isto é, o lamento recorrente e a melancolia (nas suas intermináveis variações) a propósito da alegada incapacidade de a linguagem se referir às coisas do mundo. Deveria a função nuclear da literatura ser de fato, nas suas mais variadas formas e tons, chamar a atenção dos leitores, vez ou outra, para a visão demasiado familiarizada que a linguagem não consegue abarcar, como Paul de Man parecia reivindicar toda vez que escreveu sobre a "alegoria da leitura"?

Estes são, numa síntese que se espera conveniente, os principais sentimentos e as razões que me fizeram integrar um dos muitos movimentos dentro das Humanidades que tem a (talvez até merecida) reputação de estar "gasto". Refiro-me à "crítica da metafísica do Ocidente". Pelo menos posso dizer que o modo como utilizo a palavra "metafísica" é mais elementar e por isso diferente dos seus sentidos predominantes na filosofia contemporânea. Quando digo metafísica, pretendo ativar o sentido literal da palavra, de alguma coisa "além do meramente físico". Pretendo indicar um estilo intelectual (hoje prevalecente nas Humanidades) que apenas permite um gesto e um tipo de operação, que é a operação de

---

2 Ver, sobretudo, o seu livro *The Birth to Presence*; alguns outros exemplos contemporâneos desta tendência são referidos e discutidos em Gumbrecht, *Produção de presença*, p.81-90. [Essas páginas se referem à edição brasileira. (N. T.)]

"ir mais além" do que se considera ser uma "superfície meramente física", encontrando assim, "para além ou por debaixo da superfície meramente física", aquilo que supostamente interessa, ou seja, um sentido (que, de modo a ressaltar a sua distância da superfície, geralmente se chama de profundo).

O meu abandono da metafísica nesse sentido preciso considera e insiste na experiência de que a nossa relação com as coisas (e especificamente com os artefatos culturais), inevitavelmente, nunca é apenas uma relação de atribuição de sentido. Enquanto eu utilizar a palavra *coisas* para referir aquilo que a tradição cartesiana chama de *res extensae*, vivemos também e sempre numa relação espacial com essas coisas e estamos sempre conscientes dessa relação. As coisas podem nos ser "presentes" ou "ausentes", e, se nos forem presentes, estarão mais próximas ou mais distantes do nosso corpo. Assim, ao chamá-las de presente, no sentido original do latim *prae-esse*, estamos afirmando que as coisas estão "à frente" de nós e são, por isso, tangíveis. Não pretendo associar a este conceito quaisquer outras implicações.

Contudo, com base na observação histórica de que certas culturas, por exemplo, a nossa cultura "moderna" (o que quer que entendamos exatamente por *moderno*), tendem mais do que outras a elidir a dimensão da presença e suas implicações, passei a propor uma tipologia (no tradicional sentido weberiano) entre "culturas do sentido" e "culturas da presença". Eis algumas das distinções (inevitavelmente, e sem qualquer má consciência, "binárias") que proponho fazer.[3] Numa cultura do sentido, primeiramente, a forma predominante de autorreferência humana corresponderá

---

3 Para uma versão aprofundada desta tipologia, ver Gumbrecht, *Produção de presença*, p.104-13.

sempre ao delinear básico daquilo que as culturas ocidentais chamam de assunto e subjetividade, isto é, referir-se-á a um observador não corpóreo que, a partir de uma posição de excentricidade em relação ao mundo das coisas, atribuirá sentidos a essas mesmas coisas. Uma cultura da presença, pelo contrário, integrará ambas as existências, a espiritual e a física, na sua autorreferência humana (pensemos, como exemplo, no motivo da "ressurreição espiritual e corpórea da morte" da cristandade medieval). É na sequência desta distinção inicial que, em segundo lugar, numa presença da cultura, os seres humanos se consideram parte do mundo dos objetos, ao invés de estarem ontologicamente separados dele (poderá ter sido essa a visão que Heidegger quis recuperar, quando fez do "Ser-no-mundo" um dos conceitos chave da obra *Ser e Tempo*). Em terceiro lugar, e a um nível mais complexo, a existência humana numa cultura de sentido se revela e se verifica nas permanentes e constantes tentativas de transformar o mundo ("ações"), que têm por base a interpretação das coisas e a projeção dos desejos humanos no futuro. Este impulso rumo à mudança e à transformação está ausente das culturas da presença, nas quais os seres humanos apenas querem inscrever o seu comportamento naquilo que consideram ser estruturas e regras de uma dada cosmologia (o que chamamos de rituais são enquadramentos dessas tentativas de corresponder às estruturas cosmológicas).

Deixarei por aqui esta tipologia, pois acredito que tenha desempenhado a função que lhe atribuí no contexto mais extenso do meu argumento: pretendi ilustrar que, por um lado, a linguagem nas culturas do sentido abrange todas as funções que a filosofia moderna de ascendência europeia pressupõe e comenta. Por outro lado, as funções que a linguagem pode desempenhar nas culturas da presença (ou num mundo visto de uma perspectiva da cultura da presença) são bem menos óbvias. Os seis tipos de "amálgama" entre linguagem e presença que pretendo referir na segunda parte do meu texto têm por objetivo apresentar uma resposta multifacetada precisamente a esta questão.

2

O primeiro paradigma é *a linguagem, acima de tudo a linguagem falada enquanto realidade física*, e realça o aspecto em relação ao qual Hans-Georg Gadamer falou do "volume" da linguagem, por oposição ao seu conteúdo proposicional ou apofântico.[4] "Enquanto realidade física, a linguagem falada não toca nem afeta apenas o nosso sentido acústico, mas também nosso corpo na sua totalidade." Deste modo, percebemos a linguagem, da forma menos invasiva, isto é, literalmente, como o ligeiro toque do som na nossa pele, mesmo quando não conseguimos compreender o que as palavras querem significar. Tais perceções podem muito bem ser agradáveis e até desejáveis — e, neste sentido, sabemos que é possível captar certas qualidades da poesia numa sessão de leitura sem conhecer a língua que está sendo utilizada. Assim que a realidade física da linguagem tem uma forma, que precisa ser adquirida contra o seu estado de ser um objeto do tempo em sentido estrito ("ein Zeitobjekt im eigentlichen Sinn", segundo a terminologia de Husserl), diremos que tem um "ritmo" — um ritmo que podemos sentir e identificar, independentemente do sentido que a linguagem "carrega".[5] Enquanto realidade física que tem forma, ou

---

4 Gadamer, *Hermeneutik, Aesthetik, Praktische Philosofie*, p.63.
5 Esta descrição tem por base o meu ensaio "Rhythm and Meaning" (In: Gumbrecht; Pfeifer (Orgs.), *Materialities of Communication*, p.170-86).

seja, enquanto linguagem rítmica, a linguagem preencherá uma série de funções específicas. Pode coordenar os movimentos de corpos individuais; pode sustentar o desempenho da nossa memória (pense nas rimas com que aprendíamos algumas regras básicas da gramática latina); e, por supostamente reduzir nosso nível de alerta, pode ter (como afirmou Nietzsche) um efeito "intoxicante". Certas culturas da presença atribuem mesmo uma função encantatória à linguagem rítmica, isto é, entendem que possui a capacidade de tornar ausentes coisas presentes e presentes coisas ausentes (esta era, na verdade, a expectativa associada aos feitiços medievais).[6]

Um segundo tipo de amálgama entre presença e linguagem, muito diferente do anterior, reside nas *práticas básicas de filologia* (na sua função original de editoração ou de curadoria textual). Num breve livro recente, defendi que – muito contra a sua imagem tradicional – as atividades do filólogo são pré-conscientemente alimentadas por desejos bastante primários que poderemos descrever como desejos de (total) presença (e compreendo que um desejo de "presença total" seja um desejo sem possibilidade de concretização – o que os torna precisamente um desejo do ponto de vista lacaniano).[7] Neste sentido, colecionar fragmentos de textos pressuporia um desejo profundamente reprimido de ingerir literalmente restos de papiros ancestrais ou manuscritos medievais. O desejo de incorporar os textos em questão (de interpretá-

---

[6] Ver a minha análise de alguns antigos feitiços em alto alemão (Gumbrecht, The Charm of Charms. In: Wellbery; Ryan (Orgs.), *A New History of German Literature*, p.183-91).

[7] *The Powers of Philology: Dynamics of Textual Scholarship*. Tradução alemã sob o título de *Die Macht der Philologie. Über einen verborgenen Impuls im wissenschaftlichen Umgang MIT Texten*.

-los, como um ator) pode se esconder sob a paixão de produzir edições históricas (em todos os seus vários estilos filológicos) – pensem num ato tão básico como "declamar" um poema de Goethe e descobrir que apenas rimará se o pronunciarmos com um (mais do que sutil) sotaque de Frankfurt. Porque "enchem" as margens de páginas manuscritas e impressas, os comentários eruditos poderão finalmente relacionar-se com um desejo físico de plenitude e exuberância. Seria provavelmente muito difícil (se não impossível) desembaraçar em pormenor tais casos de entrelaçamento entre impulsos de presença e ambições acadêmicas. Mas o que me interessa, neste contexto, é a minha intuição de que realmente convergem, muito mais do que normalmente imaginamos, em formas variadas de trabalho filológico.

Se seguirmos, como pretendo fazer, pelo menos tendo em mente a cultura ocidental do presente, a sugestão de Niklas Luhmann para uma caracterização da experiência estética (dentro dos parâmetros da sua filosofia, Luhmann tentou descrever o que era específico da "comunicação" no âmbito do "sistema de arte" enquanto sistema social), então *qualquer tipo de linguagem que seja capaz de desencadear uma experiência estética* aparecerá como um terceiro caso de amálgama entre presença e linguagem. A comunicação no sistema da arte, para Luhmann, é a forma de comunicação na qual a percepção (puramente sensual) não é apenas um pressuposto, mas um conteúdo transportado, juntamente com o sentido, pela linguagem. Esta descrição corresponde a uma experiência de poemas (ou de ritmos de prosa literária) que captam nossa atenção para aqueles aspectos físicos da linguagem (e suas formas possíveis) que, de outro modo, tendemos a omitir. No entanto, contrário a uma opinião longamente prevalente (e ainda dominante) nos estudos literários, não acredito que as diversas dimensões das formas poéticas (isto é, ritmo, rima, estrofe etc.) funcionem de modo que as subordinem à dimensão do sentido (por exemplo, como sugere a chamada teoria da sobredeterminação poética, ao oferecer contornos mais fortes a configurações semânticas complexas). Ao contrário, vejo formas poéticas envolvidas numa oscilação com o sentido, na medida em que um leitor/ouvinte de poesia nunca poderá prestar atenção completa a ambas. Creio ser esta a razão pela qual uma regra cultural na Argentina exclui a dança de um tango sempre que este tenha uma letra associada. Isto porque a coreografia do tango enquanto dança, com a sua assimetria entre passos masculinos e passos femininos, em relação com a qual a harmonia tem de ser alcançada a cada momento, é tão exigente que requer uma atenção total para a música — cujo estado seria inevitavelmente reduzido pela interferência de um texto, que faria divergir parte desta atenção.

A experiência mística e a linguagem do misticismo são o meu quarto paradigma. Por meio de uma referência constante à sua própria capacidade de interpretar a presença intensa do divino, a linguagem mística produz o efeito paradoxal de estimular imaginações que parecem fazer esta mesma presença palpável. Na descrição das suas visões, Santa Teresa de Ávila, por exemplo, utiliza imagens altamente eróticas, sob a condição permanente de um "como se". Para ela, o encontro com Jesus é "como se tivesse sido penetrada por uma espada"; ao mesmo tempo, ela sente "como se um anjo estivesse emergindo do seu corpo". Em vez de tomar literalmente essas formas de expressão como a descrição de alguma coisa, ou seja, de uma experiência mística que realmente excede os limites da linguagem, uma visão secular e analítica compreenderá a experiência mística em si como um efeito da linguagem e dos seus poderes inerentes de autopersuasão.

Ainda outro modo de amálgama pode ser descrito como *a linguagem sendo aberta ao mundo das coisas*. Inclui textos que alternam desde o paradigma semiótico de representação até uma atitude dêitica onde as palavras são experienciadas como se apontassem para as coisas em vez de estar "no lugar delas". Os nomes tornam-se então nomes porque parecem escapar à sempre totalitarista dimensão dos conceitos e ficam individualmente ligados, pelo menos temporariamente, aos objetos individuais. Os poemas-coisa de Francis Ponge utilizam e cultivam este potencial da linguagem. Recentemente tive uma sensação semelhante quando estava lendo um esboço autobiográfico do grande físico Erwin Schroedinger,[8] cuja obsessão com o rigor descritivo parece ter rejeitado o efeito de abstração que é inerente a todos os conceitos. No texto de Schroedinger, os nomes parecem ligados a objetos individuais e então iniciam a sua função de nome, produzindo uma impressão textual que é estranhamente remanescente dos feitiços medievais. De outro modo, algumas passagens das novelas de Louis-Ferdinand Céline parecem estar especificamente abertas ao mundo dos objetos. Aí o ritmo da prosa copia o ritmo dos movimentos ou de eventos a serem evocados e assim estabelece uma relação analógica com estes movimentos e eventos, que também evitam o princípio digital de representação. Se textos como os poemas de Ponge ou o esboço autobiográfico de Schroedinger parecem pretender alcançar coisas no espaço, os textos de Céline surgem abertos para serem afetados pelas coisas e a ecoarem com elas.

Por fim, quem estiver familiarizado com a tradição do alto modernismo do século XX conhece a afirmação, fulcral acima

---

[8] Schroedinger, Autobiographical Sketches. In: _____, *What Is Life?*, p.165-87.

de tudo para o trabalho de James Joyce, de que *a literatura pode ser o lugar de epifania* (uma descrição mais cética abordaria, uma vez mais, a capacidade de a literatura produzir "efeitos de epifania"). No seu uso teológico, o conceito de epifania refere-se ao aparecimento de uma coisa, uma coisa que requer espaço, uma coisa que está ausente ou está presente. Para uma concepção de linguagem que se concentre exclusivamente na dimensão de sentido, as epifanias, neste sentido muito literal, e os textos têm de estar separados por uma relação de heteronímia. Mas se considerarmos, conforme sugeri através desta série de exemplos, a fenomenologia da linguagem como uma realidade física e, com ela, o potencial encantatório da linguagem, então parece que estamos muito mais próximos de uma convergência entre literatura e epifania. Assumir que tais momentos de epifania efetivamente ocorrem, mas que o fazem sob as condições temporais específicas que Karl Heinz Bohrer caracterizou de "súbito" e de "partida irreversível",[9] pode ser uma forma contemporânea de mediação entre o nosso desejo de epifanias e um ceticismo moderno que este desejo não consegue, por completo, desfazer.

3

Passando por esses seis modos de amálgama entre linguagem e presença, cobrimos a distância entre os dois extremos que o título do meu ensaio procura identificar. Começamos chamando a atenção para a presença física da linguagem, sempre garantida, mas, na cultura moderna, sistematicamente desprezada ou mesmo

---

9 Bohrer, *Plötzlichkeit. Zum Augenblick des ästhetischen Scheins*; *Der Abschied. Theorie der Trauer.*

ignorada; e chegamos à afirmação de que a linguagem consegue produzir epifanias, afirmação que invoca uma situação e um feito excepcionais que, por assim dizer, tem de ser derivada do e mesmo contra o funcionamento normal da linguagem. Por certo, na complexidade crescente dos nossos diferentes paradigmas, as várias relações entre linguagem e presença não obedecem ao modelo de duplo nível "metafísico" que distingue entre "superfície material" e "profundidade semântica", entre "primeiro plano negligenciável" e "plano de fundo significativo". Mas, então, qual poderia ser um modelo alternativo que permitisse pensar através das realmente tensas oscilações harmoniosas entre linguagem e presença, em sua variedade?

Uma vez que acredito numa convergência entre o conceito de Ser de Heidegger e a noção de presença que venho utilizando aqui,[10] vejo de fato uma promessa na sua descrição da "linguagem como a casa do Ser"; uma promessa, no entanto, cuja redenção pode muito bem acabar abandonando o que Heidegger pretendeu afirmar com essas palavras. Existem quatro aspectos na sua metáfora que particularmente me interessam. Ao contrário do seu entendimento atual, quero ressaltar, em primeiro lugar, que é mais frequente uma casa fazer os que nela vivem menos invisíveis do que visíveis. Neste mesmo sentido, a linguagem não é bem uma janela, nem é a expressão da presença com a qual pode estar interligada. Não obstante, e em segundo lugar, consideramos uma casa como a promessa (se não a garantia) da proximidade daqueles que a habitam. Pense, por exemplo, na linguagem do misticismo. Pode não tornar o divino totalmente presente e não é por certo uma expressão do divino. Mas, ao ler textos místicos, alguns de nós sentem-se mais próximos do divino. Aquilo que me agrada, em terceiro lugar

---

10 Ver Gumbrecht, *Produção de presença*, p.90-104.

e acima de tudo, acerca da metáfora da "linguagem como a casa do Ser" é a sua denotação espacial. Por oposição ao paradigma hermenêutico clássico de "expressão"[11] e à sua implicação de base de que tudo o que seja expresso tem de ser puramente espiritual, entender a linguagem como "a casa do Ser" (ou como a casa da presença) nos faz imaginar que o que quer que habite a casa tem "volume" e, por isso, partilha do estatuto ontológico das coisas.

Isso não implica, contudo, que eu entenda o conceito de Ser de Heidegger como um — talvez ligeiramente envergonhado — regresso do *Ding an sich* [coisa em si]. Ao contrário, defendo que o conceito de Ser aponta para uma relação entre coisas e o *Dasein* [ser aí], na qual o *Dasein* já não se considera a si mesmo excêntrico, ou ontologicamente separado das coisas e de sua dimensão. Em vez de eliminar a nossa harmonia com as coisas, como a "viragem linguística" propunha que fizéssemos, a "linguagem como a casa do Ser", a linguagem nas suas múltiplas e tensas convergências com a presença, seria então, por fim, um meio no qual e através do qual poderíamos esperar uma reconciliação entre o *Dasein* e os objetos do mundo. Será realmente realista (ou simplesmente ilusório) assumir que possa sequer ocorrer tal reconciliação entre o *Dasein* e os objetos? Não me sinto suficientemente confiante para tentar responder a essa pergunta. Mas vale a pena pensar no fato de que, na atual situação cultural, estou longe de ser o único intelectual que a propõe,[12] e que é uma pergunta que, há poucos anos apenas, deveria parecer tão claramente ingênua que ninguém

---

11 Ver a estrutura de uma história desse paradigma no meu ensaio "Ausdruck" (In: Barck et al. (Orgs.), *Ästhetische Grundbegriffe*, v.1, p.416-31).
12 Sobre essas vozes ecoantes, ver o número especial de 2005 da revista *Merkur*, dedicado às novas demandas intelectuais pela realidade.

se atreveria a fazê-la. Ora, a pretensão de recuperar uma proximidade existencial para a dimensão das coisas pode muito bem ser uma reação ao nosso dia a dia contemporâneo. Mais do que nunca, tornou-se um cotidiano de realidades apenas virtuais, um cotidiano em que as tecnologias modernas da comunicação nos deram onipresença e, dessa forma, eliminaram da nossa existência o espaço, um cotidiano em que a presença real do mundo encolheu e é uma presença na tela – de tal desenvolvimento a nova vaga de "reality shows" não é senão o sintoma mais tautológico e hiperbolicamente desamparado.[13]

Para aqueles que, dentre nós, sustentam as posições da viragem linguística como a máxima sapiência filosófica, este desejo da presença do mundo deve parecer contrário a uma visão filosófica melhorada. Mas a falta de crença na possibilidade de um desejo a ser cumprido não implica que, mais cedo ou mais tarde, ele venha a desaparecer (implica menos ainda que tal desejo seja inútil). Então, o que poderia ser uma relação viável com a linguagem, para os que não consideram plausível aquilo em que acredito, a saber, que a linguagem pode se tornar (outra vez?) o meio de reconciliação com as coisas do mundo? A resposta é que podem ainda recorrer à linguagem para identificar e até enaltecer aquelas formas de experiência que mantêm vivo nosso desejo de presença. Isto sugere, é claro, que é melhor sofrer por um desejo não realizado do que perder por completo o desejo.

---

13 Para descrições mais pormenorizadas sobre os efeitos existenciais das novas tecnologias da comunicação, ver o meu ensaio "Gators in the Bayou: What We Have Lost in Disenchantment?" (In: Landy; Saler, (Orgs.), *The Re-Enchantment of the World: Secular Magic in a Rational Age*).

2

Uma antropologia negativa da globalização

I

Ouro Preto, em Minas Gerais, longe da costa atlântica, é uma cidade barroca bem preservada, que tem hoje pouco menos de cem mil habitantes – mas que, por volta de 1700, poderá ter sido a mais rica e mais poderosa das cidades do continente americano, quando, denominada Vila Rica, fornecia à Coroa portuguesa ouro e pedras preciosas. Apesar do fluxo estável de turistas interessados por cidades históricas, não é possível chegar a Ouro Preto nem de avião nem de trem, o que adensa a sensação de que se trata de um lugar afastado do presente. Uns quinze quilômetros dali fica Mariana, cidade ainda menor e também linda (embora menos espetacular), onde se encontra a catedral da diocese local e muitos dos edifícios pertencentes à Universidade de Ouro Preto. Estes edifícios foram a razão por que em cinco dias do final de um mês de agosto fui e voltei cinco vezes do meu hotel de luxo em Ouro Preto até Mariana, de carro e com o motorista da universidade. Ora, para um fã de esportes como eu, ainda mais no Brasil, nada melhor do que falar de futebol com motoristas profissionais — mas este era um motorista diferente. Quando lhe perguntei qual era o seu time de futebol (esperando que fosse um dos dois times principais de Belo Horizonte, a capital estadual), ele respondeu, quase seco, que não queria saber de futebol, que a única pessoa na sua família que gostava de esportes era seu filho, e que seu ídolo de sempre era o malogrado Michael Jackson. E o meu motorista continuou falando, entusiasmado e com verdadeira compaixão e um sem-fim de pormenores, sobre a vida e as tragédias de Michael Jackson, na estrada para Mariana e no regresso a Ouro Preto, e das inovações que seu herói introduzira no mundo do *show business*, da sua música e de seu modo de dançar. Quando chegamos pela primeira vez a Mariana, ele inclusive cantou — quase sem sotaque, apesar de ser solidamente monolíngue — vários dos sucessos de Michael Jackson, de muitos anos atrás. Eu, pelo contrário, sendo conterrâneo californiano de Michael Jackson, nada sabia além do seu nome e que morrera fazia pouco tempo, e sozinho não seria capaz de identificar as suas canções. Assim, a nossa conversa foi uma típica cena de hibridismo, como chamamos na era da globalização, um tipo de cena que muitas vezes torna difícil o diálogo porque o conhecimento se distribui de maneiras mutuamente inesperadas.[1]

Claro que não é necessário viajar até o interior do Brasil, ou a nenhum outro lugar distante, para ter a experiência dos efeitos da globalização.[2] Cada vez que nos sentamos em frente aos nossos

---

1 Sobre o hibridismo, ver, por exemplo, Bhabha, *Location of Culture*.
2 Sobre globalização, ver: Beynon; Dunkerley (Orgs.), *Globalization: The Reader*; Broeckling; Krasmann; Lemke (Orgs.), *Glossar der Gegenwart*; Kroll; Robbins (Orgs.), *World in Motion: The Globalization and Environment Reader*; Lechner; Boli, *The Globalization Reader*; Michie (Org.), *The Handbook*

computadores para consultar o correio eletrônico, temos literalmente na ponta dos dedos aquela que é provavelmente a mais poderosa condição e certamente o mais forte efeito da globalização. Desde que tenhamos o endereço correto, o computador põe à mesma distância e para os mesmos (ou, pelo menos, para a maioria dos) intuitos comunicacionais o colega do gabinete ao lado e um usuário, por exemplo, na Austrália. Não demoro mais do que uma fração de segundo para estar mais presente na tela de um computador da Nova Zelândia do que na tela do computador do meu próprio gabinete. Obviamente, os computadores não conferem tangibilidade às pessoas de quem tanto aproximam palavras e reações, mas podem torná-las visíveis e audíveis para nós em tempo real. *A globalização tem a ver com informação (no mais lato sentido da palavra) e com o fato de as consequências da transferência de informação serem cada vez mais desligadas e independentes de lugares físicos específicos.*

2

No momento em que referimos ou descrevemos os efeitos da globalização, parece surgir, mesmo que inevitavelmente, a tentação de elogiá-los ou de reprová-los. Meu amigo Gary me disse outro dia que, graças a um programa eletrônico que lhe custa poucos dólares por mês, tem ao seu dispor quarenta milhões de álbuns

---

of *Globalization*; Mittelman (Org.), *Globalization: Critical Reflections*; Mittelstrass, Focus – Global Science, the Future of Science: A Welcome Address, *European Review*, n.17, p.463-8; Rack, Bilder aus der globalisierten Welt, *Merkur*, n.723, p.736-42; Rhode; Toniolo (Orgs.), *The Global Economy in the 1990s: A Long-Run Perspective*; Roberts; Hite (Orgs.), *The Globalization and Development Reader: Perspectives on Development and Global Change*; Sassen, *Globalization and Its Discontents*.

com música de todos os países, culturas e períodos históricos; que era difícil imaginar isso apenas há alguns anos, quando se transitou das coleções de vinil para as coleções de CD. No lado oposto, nós, os intelectuais, nunca perdemos a oportunidade de reclamar, com augusta responsabilidade pedagógica, do excesso contemporâneo de oportunidades de comunicação e do que esse excesso tem causado de redução do escopo de atenção e de eliminação das fantasias das gerações mais novas (nunca, é claro, das nossas fantasias!), ou então nos queixamos, com um quê de amargor marxista, de mais um passo na aparentemente infindável alienação dos produtores em relação ao que produzem (para não falar dos consequentes excessos da exploração econômica). Todas essas críticas e toda essa euforia apenas adensam incessantemente as duas atitudes, únicas e simetricamente opostas, e os discursos que têm acompanhado as diferentes fases da cultura moderna ao longo dos séculos, sem resultarem em nenhuma força ou profundidade de análise. Por isso, tentarei manter meu texto distante, seja dos elogios, seja dos apupos à globalização. Do mesmo modo, não farei descrições pormenorizadas dos fenômenos da globalização, por mais que possam valer a pena, mas pela simples razão de que isso tem sido feito pelos especialistas da globalização do nosso tempo.

O que tentarei fazer, em vez de louvar, criticar ou analisar o fenômeno da globalização, poderá ser descrito como a junção de dois movimentos de reflexão diferentes mas convergentes. Em primeiro lugar, pretendo me concentrar na globalização a partir de uma perspectiva existencialista, ou, em outras palavras: quero entender como a globalização transforma tipicamente estruturas e situações da vida individual (em vez de escrever sobre seu impacto na "sociedade", no "sistema econômico", ou na "política"). Fá--lo-ei sob uma premissa que pertenceu ao existencialismo desde a sua fundação na primeira metade do século XIX, e que é a suposição de que as normas absolutas (ou divinas) que fazem uma vida humana plena e o modo como cada um pode atingi-la não estão (e talvez não voltem a ficar) disponíveis. Explicarei de um ângulo histórico o segundo e complementar movimento de reflexão. O existencialismo primordial tornou o seu desafio central, isto é, a dificuldade de crer num Deus cuja vontade não era fácil (se não humanamente impossível) identificar, no que chamamos de teologia negativa, a concepção paradoxal de uma ordem divina deturpada desse Deus silencioso. Do mesmo modo, procurarei argumentar seguindo as linhas de uma "antropologia negativa"; pretendo fazer referências a alguns componentes meta-historicamente e transculturalmente estáveis da vida humana, num momento em que um grau extremo de ceticismo parece tornar aceitáveis tais reivindicações. Para fazê-lo, confio no instinto que me diz que, paradoxalmente, ao deixar de atender a algumas necessidades e desejos universais da vida humana, o processo de globalização ajudou a dar maior visibilidade a essas necessidades e desejos – porque nos damos conta, no cotidiano, de como permanecem sem ser satisfeitos. Daí que a minha discussão da globalização seja "antropológica", quando procura identificar algumas condições universais da existência humana; e seja "negativa" pela suspeita de que algumas dessas estruturas se tornam mais perceptíveis quanto menos ativas estiverem.[3]

Continuarei a construir o meu argumento, descrevendo o contraste entre o futuro historicamente específico, que os intelectuais, mas não só eles, esperavam que se realizasse por meados do

---

3 Ver Schütz; Luckmann, *The Structures of the Life-World*; Gumbrecht, *Produção de presença*.

século XX, e o presente do começo do século XXI, conforme hoje estabelecido (subcapítulo 3). Nessa base, demonstrarei como a globalização pode ser entendida como extensão da modernidade, enquanto resultado da sua convergência com o motivo cartesiano da eliminação do corpo como parte da autorreferência humana (subcapítulo 4). A modernidade e a globalização implicam, assim, uma tendência para nos tornar independentes da dimensão do espaço. No subcapítulo 5 identificarei e descreverei outros aspectos da globalização na relação específica que estabelecem com a tradição cartesiana, ao passo que o subcapítulo 6 tratará das reações à globalização e o modo como essas reações podem nos tornar capazes de delinear uma antropologia negativa. Para concluir, no subcapítulo 7, indicarei possíveis linhas de convergência entre este argumento e outras posições filosóficas do nosso tempo.

3

Uma das diversões na mais antiga das Disneylândias, em Anaheim, Califórnia, é a Terra do Futuro ("Futureland"), que considero de grande interesse histórico – de tal modo que penso que deveria ser rebatizada, talvez com todo o resto do parque temático, como "A Terra do Futuro do Passado" –, pois encena de forma belíssima o futuro que o mundo esperava que emergisse, em meados da década de 1950, quando da abertura da primeira Disneylândia. Esta diversão é composta por uma corrida em dois carros pequenos, de dois lugares, que não deixam aos condutores nenhuma liberdade de escolha nem agência própria. Em vez disso, cada carro deve "achar por si mesmo" o caminho, através de um itinerário relativamente complexo de curvas, pequenas montanhas e encruzilhadas, produzindo assim a impressão de uma "direção automática" dentro de um poderoso sistema de tráfego que se encarrega de todas as necessidades humanas de movimento e locomoção. Esses sonhos de vida "automática" sempre implicaram, inevitavelmente, a imaginação de um estado que – de modo benigno – comanda, absorve e determina toda a vida individual, como se fora uma versão otimista (afinal, é a Disneylândia) do *1984* de Orwell. Outras diversões são inspiradas – até os dias de hoje, o que de alguma forma significa o arrepio da realidade – na antiga utopia das viagens espaciais: elas nos dão a ilusão dos voos muito agitados e até perigosos que levam a galáxias remotas – ou a assustadora impressão dos rapidíssimos movimentos e curvas acentuadas no meio da mais absoluta escuridão do universo. Por fim, a velha Disneylândia se enche de despojos de nossas antigas crenças nos "robôs" como máquinas de formas mais ou menos humanas (suas versões menores geralmente se assemelham a aspiradores domésticos), de quem se esperava que fizessem todo o trabalho doméstico inferior do qual a preguiça humana sempre almejou libertar-se – e que o espírito predominantemente social-democrata do século XX declarou ser indigno dos seres humanos.

Ora, julgo que é notável que nenhuma dessas três dimensões dominantes daquilo que agora é o futuro histórico de meados dos anos 1950 tenha se tornado ou real no nosso presente, ou, de qualquer modo, provável no futuro que imaginamos. As avassaladoras ideias do Estado "total", "total" também no sentido de afirmar que se encarregam da totalidade dos desejos e das necessidades humanas, as ideias cuja versão hiperbólica inspirou a obra de Orwell, desapareceram com a extinção dos governos comunistas da Europa Oriental, depois de 1989, e isso quer lamentemos, quer saudemos esse fato. A nova e geral tendência óbvia é uma redução, é mesmo uma retirada ativa do poder do Estado conforme este se reflete no novo conceito de "governança", o qual descreve orientações informais para o comportamento interativo que, mais do que serem impostas por leis do Estado, emergem entre Estados nacionais e empresas (muitas vezes multinacionais). Podemos bem afirmar que dispomos hoje de muito mais liberdade (deixam-nos muito mais sozinhos, somos muito menos "automaticamente" guiados) do que os condutores dos carrinhos na Terra do Futuro da Disney – e às vezes isso nos confunde. Afinal, os sistemas de navegação que hoje tanto nos apraz utilizar reagem muito flexivelmente aos nossos contributos, e mesmo aos nossos erros.

Do mesmo modo, e até de maneira mais evidente, nossa louca ideia de viajar no espaço e de habitar planetas "estranhos", ou mesmo outras galáxias, acabaram desaparecendo por completo (e é significativo que tenham desaparecido na mesma medida em que deixamos de nos preocupar com o crescimento demográfico). Uma vez mais, talvez de um modo mais definitivo do que nunca nos últimos séculos, a Terra define os limites de nossas preocupações e de nossos projetos – e essa pode bem ser a menos debatida das condições essenciais da globalização (que de algum modo ainda cultiva uma autoimagem e uma retórica de expansão agressiva). Coletiva e ideologicamente, preocupamo-nos mais com a Terra do que quando ainda alimentávamos o sonho de deixá-la, a bordo de uma nave espacial; ao mesmo tempo, e de uma perspectiva individual, a capacidade de cobrir literalmente o planeta com os nossos atos de comunicação aumentou exponencialmente.

Por fim, em vez de criar batalhões de "robôs" para fazer o nosso trabalho, desenvolvemos, principalmente nas últimas três décadas, uma convergência do nosso pensamento com aparelhos eletrônicos – e essa convergência, mais do que uma relação de servo/senhor, surge como uma extensão e melhoramento da nossa eficiência mental (e às vezes mesmo física), com base na união, ou numa integração prostética dos nossos corpos com essa maquinaria eletrônica. Ninguém usa a eletrônica sem estar trabalhando para si mesmo e, ao mesmo tempo, inevitavelmente trabalha também para os outros. À primeira vista, o mundo dos computadores cria a impressão de que ganhamos grande independência e agência individual – mas uma visão assim descaradamente positiva ignora a natureza aditiva dessas uniões e pode até desprezar o crescimento de um cérebro coletivo exterior, que vai se desenvolvendo enquanto consequência acumulada do nosso uso de computadores, tendo por fim um poder cego sobre nós mais forte do que qualquer estado totalitário poderia ter almejado. A cada e-mail que enviamos e a cada visita que fazemos a uma página da *web*, aumentamos a complexidade e a intensidade da rede tecnológica dentro da qual comunicamos – o que significa, cada vez mais, que existimos.

4

Frequentemente se diz, ao menos na perspectiva da cultura ocidental, que a globalização se aproxima pelo menos há dois séculos. Se definirmos a globalização como uma independência cada vez maior da informação em relação ao espaço físico, então, com o desenvolvimento das redes ferroviárias no começo de 1800, deu-se um salto quantitativo, que se tornou um salto de qualidade, quer no sentido de nos deslocarmos aos lugares para adquirir conhecimento específico, quer no sentido de circulação de conhecimento. O aparecimento e o novo valor do conceito de "cosmopolitano" foi um sintoma desta primeira fase de um desenvolvimento a longo prazo. A segunda fase ficou marcada por uma série de novas tecnologias de comunicação, começando com o telefone, incluindo o rádio e culminando com a televisão, que, depois de um começo surpreendentemente lento, conquistou todo o mundo no espaço de uma longa década desde o final dos anos 1940. Para quem hoje não é muito velho, é difícil imaginar que os torcedores brasileiros não pudessem assistir (uso interessante do verbo, no português do Brasil) na televisão a partida em que o seu time ganhou a primeira Copa do Mundo, contra a Suécia, em Estocolmo, em 1958. Porém, o desenvolvimento mais decisivo, apesar de ter sido o menos espetacular, foi o processo de transformação e socialização eletrônica de um enorme (e ainda em rápido crescimento) segmento da humanidade: aumentou a nossa capacidade individual e coletiva de receber e de fazer circular informação a um nível até agora inimaginável. Um novo limiar se ergue à nossa frente, de que apenas algumas dificuldades jurídicas, e não tecnológicas, nos separam: trata-se do Projeto Google, que promete disponibilizar para cada tela de computador todos os documentos existentes no planeta.

Imaginar a concretização desse projeto — e ele acabará se concretizando, mais cedo ou mais tarde — nos ajuda a compreender que a consequência existencialmente mais desafiante da era eletrônica foi a eliminação da dimensão do espaço dos múltiplos níveis da nossa experiência e do nosso comportamento. Se compreendermos que o processo da socialização eletrônica, mesmo se, claro, não for sinônimo de globalização, é a mais poderosa fonte de energia, seremos capazes de descobrir um paradoxo fascinante. Apoiada pela eletrônica, a globalização expandiu e reforçou o nosso controle sobre o espaço do planeta (ao qual recentemente voltamos a nos restringir) até um nível talvez insuperável; ao mesmo tempo, excluiu o espaço quase por completo da nossa existência.

Nosso amplo presente

E não nos referimos apenas à velocidade a que a informação hoje consegue viajar, nem às quantidades inauditas em que está disponibilizada e em que circula – como se o espaço tivesse deixado de interessar. Pessoalmente, não esqueço aquela tarde morna de sexta-feira no Rio de Janeiro, quando me reuni com amigos num lindo restaurante de Botafogo, abaixo do Pão de Açúcar, e vi ali próximo a nós uma mesa com quatro jovens, de boa aparência, claramente dois casais que, a certo ponto, estavam todos falando ao celular com outras pessoas. Não é importante se falavam com outros amigos do Rio, ou com pessoas que estivessem em qualquer outro lugar (quem sabe na longínqua Nova Zelândia); a questão é que, apesar da imbatível beleza da paisagem ao seu redor, a atenção daqueles jovens estava apartada, em cada um daqueles quatro casos, do lugar onde estavam os corpos deles. Ainda mais dramático: a posição de seus corpos tornara-se completamente irrelevante para as atividades de suas mentes. Visto da perspectiva desta cena, tão típica de nosso cotidiano, fica claro que as origens da globalização remontam a muito antes do que o início do século XIX. Se a capacidade de separar nossa mente de nosso corpo é condição (e, mais recentemente, também uma consequência) da globalização, esta se torna coextensiva com o processo de modernização, pois começa com e depende da fórmula cartesiana da autorreferência humana: "Penso, logo existo" ou, mais precisamente para o nosso tempo, "Produzo, faço circular e recebo informação, logo existo". Ambas as fórmulas pressupõem a exclusão do corpo humano (e do espaço enquanto dimensão de sua articulação) do entendimento e da definição do que é ser humano.[4]

---

4 Ver também Gumbrecht, *Produção de presença*, capítulo 2.

Isso significa que, se a globalização aumentou para a maior parte de nós a possibilidade de fazer uma foto do Taj Mahal, da Ópera de Sidney ou das igrejas barrocas de Ouro Preto com nossas câmeras digitais, também diminuiu a intensidade com que as coisas do mundo estão presentes perante nós, no sentido de serem tangíveis. Se seria difícil defender que uma relação de "presença" e de "tangibilidade" é uma relação verdadeiramente "melhor" com o mundo material que nos rodeia do que uma relação com base na experiência e na informação, é interessante ver que hoje em dia muitos turistas não sabem bem como reagir na verdadeira presença dos monumentos que os fizeram investir grandes somas de dinheiro para ver ao vivo. Por isso acabam fazendo centenas de fotos digitais muito provavelmente inferiores em qualidade às que viram, em casa, nos respectivos *websites* – e é esta uma das muitas razões por que provavelmente nunca voltarão a olhar as fotos que fizeram. Tentarei novamente não defender que esta relação – muito "digital" – com o mundo material é existencialmente inferior a uma relação com base na presença. Porém, seja como for, parece omitir – mais do que ativamente excluir – algumas dimensões raramente referidas da vida individual, que parecem tornar-se perceptíveis como reação a esta omissão.

5

Antes de tentarmos ver quais camadas amplamente ignoradas da nossa existência podem se tornar visíveis sob a pressão da globalização, deveríamos tentar identificar mais alguns fenômenos que afetam nossas vidas individuais – porque, se podem de algum modo estar relacionados com elas, estão longe de equivaler à omissão do espaço e da presença. Um aspecto que muitas

Nosso amplo presente

vezes se observa é a emergência e o crescimento constante de um espaço específico – uma "rede de canais" seria uma boa metáfora –, que é imune a todas as especificações e sabores locais. É o caso do espaço dos grandes aeroportos, onde se exibem os logos e o *design* das mesmas linhas aéreas internacionais, e dos cafés e das lojas de *duty-free* com as marcas que encontramos em todos os lados (quer na sua versão original, quer especialmente em antigos países do "Terceiro Mundo", no mercado em agressiva expansão das "imitações de marca": Starbucks e Mövenpick, Montblanc, Chanel, Armani, Dolce & Gabbana, e Prada – já repararam que as marcas italianas, e a comida italiana em geral, têm tido muito mais sucesso neste mercado em particular do que os Estados Unidos, cujas tristes Arcadas Douradas do McDonald's – para não falar do indizível Ronald McDonald – estão mais frequentemente na boca das pessoas, recebendo críticas?). Ora, o que aquele excelente filme sobre estar perdido na tradução[5] procurou ilustrar é a expansão e o aperfeiçoamento correntes desse emblemático canal da globalização, a ponto de não conseguirmos escapar dele. É que agora ele nos leva do aeroporto para o hotel no centro de Tóquio ou no centro de Moscou, e de lá, claro – e de preferência num ônibus com ar-condicionado –, para os mais importantes lugares históricos, monumentos e museus dessas cidades, antes de nos devolver ao aeroporto.

Portanto, tornou-se difícil achar situações que mereçam ser chamadas de "experiência vivida" (tradução do conceito alemão *Erleben*), no sentido de serem situações para as quais não dispomos de conceitos prontos-a-usar, de uma abordagem clara, e nem

---

[5] *Encontros e desencontros* (direção de Sofia Coppola, 2003) tem por título original *Lost in Translation*, "perdido(s) na tradução". (N. T.)

mesmo, nos piores casos, de bilhetes e de guia turístico. Este desenvolvimento explica a tendência já não tão nova assim – e inevitavelmente paradoxal – das indústrias de turismo atuais de oferecer aos clientes "férias de aventura" (ou, nos países germanófilos, férias com *Erlebnis-Urlauben*). Entretanto, os setores das grandes cidades e de países exóticos que poderiam proporcionar aventuras e *Erlebnisse* tornaram-se demasiado perigosos e bastante isolados para serem visitados. As favelas do Brasil, por exemplo, provavelmente nunca foram esses lugares românticos cheios de samba e de amor que se via em *Orfeu Negro*, uma belíssima coprodução brasileira e franco-italiana da década de 1950 – e hoje em dia nenhum turista curioso sobreviveria ali uma única noite, por melhores que fossem suas intenções.

O inglês tornou-se a *koiné*, a língua franca do nosso mundo globalizado (com o espanhol castelhano a uma distância confortável) – apesar dos agressivos e politicamente corretos esforços para evitar tal desenlace. Sem dúvida alguma, isso teve muito mais a ver com certas propriedades internas da língua inglesa (que em larga medida partilha com o castelhano) do que com o papel dos Estados Unidos enquanto antiga potência hegemônica – e não ressalto esse ponto para "defender" os Estados Unidos, mas porque quero ilustrar de que modo a globalização enquanto processo se parece mais com a evolução do que com uma ação ou operação política planejada. O que veio a conferir estatuto de *koiné* à língua inglesa foi o fato de que quem a estuda consegue muito rapidamente atingir uma competência básica, que lhe permite participar de formas elementares de comunicação, por conta de uma complexidade relativamente baixa dos níveis morfológico, sintático e da pronúncia. O conhecido reverso da medalha dessa vantagem está no fato de que, individualmente, muitos falantes nunca chegaram a atingir um nível além de uma prática de "pidgin" – o que reduz, em partes consideráveis de sua prática comunicacional diária, o âmbito de sua expressão até um mínimo inaceitável. Além do mais, e ao contrário daquelas línguas cujas estruturas e convenções se mantêm estáveis através de instituições com o estatuto de autoridade, como a língua francesa e a Académie Française (ou a Real Academia Española, que cumpre função semelhante, mas é menos rígida), o inglês parece ser extremamente tolerante com os usuários *pidgin*, a ponto de aceitar inclusive certos desvios que produzem em relação à norma linguística. É possível, por isso, imaginar que a relativa suavidade da língua inglesa enquanto instituição cultural converge com um ambiente histórico – o nosso – que está ansioso por (ou, pelo menos, disposto a) aceitar o estilo informal de "governança" em suas operações e interações, e que nos incita a viver oscilando entre diferentes zonas temporais. Nesse sentido, nosso mundo é de fato diferente do mundo dos séculos XVII e XVIII, quando o francês era o *koiné* e era ilimitada a crença no poder autoritário e na dignidade das soluções "racionais" (o que implicava que sempre havia uma e uma única solução correta para cada problema).

Hoje, entretanto, os criadores de marcas estão demasiado cansados para processar judicialmente os contrafeitores; e os gramáticos acreditam que os "pidgins" são "produtivos". Alguns críticos dirão que tal desleixo acumulado atinge o ponto mais extremo, um extremo com consequências irreversíveis para o planeta, na aceitação das viagens aéreas (e de outras formas de locomoção que exigem a combustão) como prática básica e condição prévia para a globalização, e, por isso, como condição para nossa independência cada vez maior em relação ao espaço físico – não obstante seus verdadeiramente devastadores efeitos ecológicos.

Uma resposta possível a essas críticas seria que a nossa crescente conscientização dessas "pegadas" ecológicas revela que, pelo menos, começamos a reagir aos excessos da globalização.

6

Permitam-me a insistência: a crescente independência da informação em relação ao espaço físico, assim como a impressão de que a existência humana em sentido lato poderá em breve atingir uma situação semelhante, parecem ter ativado uma nova consciência de algumas necessidades básicas do ser humano. Nisso consiste o potencial de uma antropologia negativa, aberto pela globalização. Mas me permitam também citar que o atual desejo de recuperar as dimensões do espaço e do corpo pode ser explicado através de um outro argumento, um argumento que não se refere à globalização. De uma perspectiva filosófica e de uma perspectiva da história epistemológica, faz sentido dizer que a ideia cartesiana — isto é, incorpórea — de ser humano costumava estar associada a uma dimensão específica do presente na construção historicista do tempo, ou seja, com o presente sendo "meramente transicional", conforme, dentro do historicismo, havia sido tomado como garantido. Adaptando a experiência do passado às condições do presente e do futuro, o sujeito costumava escolher, no presente próximo, dentre as muitas oportunidades que o futuro parecia lhe oferecer. Escolher entre as múltiplas possibilidades do futuro, com base na experiência do passado, é o que chamamos de ação.

Hoje sentimos cada vez mais que o nosso presente foi expandido, pois agora está rodeado por um futuro que não conseguimos mais ver, ter acesso ou escolher, e por um passado que não conseguimos deixar para trás. Mas se o sujeito cartesiano dependia do presente (historicista) enquanto presente de mera transição, então o novo presente em constante expansão não pode mais ser o presente do sujeito cartesiano. Esta visão parece explicar a nossa renovada preocupação com os aspectos físicos da existência humana e com o espaço enquanto dimensão na qual eles emergem em contramão à tradição cartesiana – e não necessariamente contraria uma visão dos mesmos efeitos de incorporalidade como consequência da globalização, isto é, a abordagem que temos seguido até então. É que poderíamos afirmar, entre outras coisas, que a nova construção pós-historicista do tempo é também uma reação aos fenômenos e aos efeitos da globalização.

Não há dúvida de que o sintoma mais visível – e mesmo ubíquo – do desejo e da necessidade de recuperar a dimensão corpórea da existência humana é a instituição dos esportes, conforme foram se desenvolvendo, de modo sólido e complexo, desde o começo do século XIX. Nunca antes eles haviam penetrado todos os grupos e enclaves sociais; nunca tinham tido a poderosa articulação econômica e, mais importante ainda, a importância existencial fulcral que hoje têm para nós.[6] Na Grécia Antiga, os esportes eram privilégio de uma pequena elite – ao passo que entre o século V a.C. e o século XIX da nossa era a sua presença foi surpreendentemente descontínua. No entanto, a partir das décadas que se seguiram a 1800, pela primeira vez os esportes passaram a ser associados, como atividade nobre que servia em última análise para reforçar a mente, aos sistemas educativos de todas as sociedades ocidentais, ao mesmo tempo que os esportes de equipe, com atletas profissionais, começaram, desde o último quartel daquele século, a atrair multidões cada vez maiores. Se uma tensão entre

---

6 Ver Gumbrecht, *Elogio da beleza atlética*.

os ("nobres") esportes amadores e os ("mercenários") esportes profissionais se desenvolveu numa estrutura estabilizada durante a primeira metade do século XX, a descoberta da atividade atlética enquanto dispositivo de saúde proativa desde os anos 1950 produziu uma simbiose entre, de um lado, os atletas de alta competição em todos os eventos, que obtêm salários enormes com base na sua cobertura midiática e na publicidade (principalmente para vestuário desportivo), e, de outro lado, um corpo coletivo participatório que provavelmente se conta hoje aos milhões, um conjunto de pessoas que tanto praticam esportes quanto fazem do ato de assistir aos esportes uma atividade essencial do lazer. Com os times e os atletas que valorizam suas origens nacionais, regionais e locais, os esportes não apenas causam a impressão de recuperação do lado físico da existência humana, como associam a nossa imaginação e a nossa experiência de volta a lugares específicos – e muitas vezes o fazem, paradoxalmente, através de transmissões globais.

Além dos esportes e de certas práticas de autoagressão, como *piercing*, tatuagens e cortes autoinfligidos, que parecem motivados por um vago desejo de se "encaixar" no mundo material, o gênero é uma outra dimensão em que a cultura globalizada começou a reclamar camadas de existência física, compensando, desta forma, perdas anteriores. O processo acompanha uma neutralização progressiva (embora nem sempre idealmente bem-sucedida) do gênero na esfera profissional, com base em valores básicos e em direitos de igualdade. É que se durante os últimos cem anos as mulheres puderam, pela primeira vez, ter sucesso como acadêmicas, políticas, engenheiras, ou jogadoras de futebol, e se diminuiu a pressão social para os homens serem os melhores e os mais dominantes, tais mudanças foram acompanhadas por uma nova ânsia de vivenciar a "essência" e as consequências essenciais do gênero enquanto diferença física. Assumir que homens e mulheres sentem, vivem e talvez até pensem de modos diferentes tornou-se parte de nossos dias, como tópico frequente de conversa e como premissa de inúmeras interações. Estamos agora dando o próximo passo, entendendo o gênero como distinção não binária.

A reação à globalização e aos efeitos da globalização que há muito tempo é entendida como tal é a tendência política para a regionalização. Isso é mais fácil de se perceber e de estudar na União Europeia e, dentro da Europa, na Espanha. Isso se mostrou mais impressionante ainda no contexto do inegável sucesso político e econômico que a União Europeia já teve. É claro que cada "região" espanhola que tenha valorizado a sua identidade cultural e reclamado direitos de independência política, e cada Estado-Nação da Europa, tais como o Reino Unido, a Dinamarca ou, recentemente, a França, que tentou reduzir a velocidade da integração europeia, têm válidas razões históricas, sociais e jurídicas. Mas juntamente com o fato de que os costumes regionais, os estilos regionais, a gastronomia regional — na verdade, tudo o que seja regional — se tornaram tão importantes, mesmo naqueles países dentro e fora da Europa, cujas populações parecem satisfeitas com a atual constituição e identidade nacional, como a França ou a Alemanha, o novo apetite pelo regional evidencia uma necessidade existencial. É a necessidade de pertencer a um espaço que não é demasiado grande para ser preenchido com experiência pessoal ou, pelo menos, com imaginação pessoal. Parte desse desejo pelo específico é uma nova fascinação com as línguas nacionais e com os seus dialetos, enquanto dispositivos de apropriação que vêm sendo moldados através de seus lugares e histórias. Em comparação, os circuitos de tráfego global onde tão facilmente nos "perdemos na tradução", e até os conceitos e emblemas da União Europeia, ou de outras federações políticas, são demasiado abstratos para produzir esses sentimentos de pertencimento.

A interferência de diferentes fusos horários enquanto experiência e, em especial, a justaposição de diferentes tempos históricos no nosso presente em expansão produziram uma necessidade semelhante àquilo que gostaria de chamar de escala temporal. Se se tornou cada vez mais difícil deixarmos qualquer passado "para trás", em parte devido às nossas poderosas tecnologias de registro e preservação da memória, em parte devido à já referida transformação na nossa construção social do tempo, temos hoje mais dificuldades do que antes para afirmar como será a arquitetura, o estilo literário ou a música "do nosso tempo". Se poderá não haver remédio fácil para esta situação de entropia histórica, muitos de nós encontram algum alívio na produção de ambientes historicamente coerentes. Por exemplo, no Brasil existe uma linha aérea regional cujas cabines e uniformes tentam imitar tão bem quanto possível o estilo Pan Am dos anos 1950. O mesmo se pode dizer de vários estádios de beisebol construídos nos Estados Unidos durante os últimos vinte anos, por tentarem conjurar a atmosfera dos eventos esportivos do começo do século XX.

Mas esses fenômenos de compensação parecem ser secundários em comparação com as últimas duas tendências que pretendo descrever. Juntamente com o desaparecimento de nossos sonhos de conquistar o espaço, o processo de globalização originou um movimento muito forte e visível para reclamar o planeta Terra como hábitat da humanidade. Percebemos, em primeiro lugar, que talvez não exista outro espaço habitável no universo; e, em segundo lugar, que a nossa cultura e as nossas tecnologias podem pôr em risco precisamente as propriedades do nosso planeta, do qual depende a nossa sobrevivência. Este movimento pode bem ser aquela dimensão em que um desejo de compensar os efeitos da globalização converge com a própria globalização: a consciência ecológica como vontade de minimizar certos efeitos da globalização pode se beneficiar da eficiência da comunicação global e de suas tecnologias, de modo a promover atitudes de solidariedade por todo o mundo.

A tendência final de que pretendo falar é igualmente poderosa, mas, até agora, pelo menos, não tão visível. Refiro-me à intuição fulcral de um livro (*Du musst dein Leben äendern*), que o filósofo alemão Peter Sloterdijk publicou em 2009.[7] Sem especular muito sobre as possíveis razões históricas ou sociais que possam ter produzido o fenômeno, Sloterdijk observa que, nos últimos cem anos e cada vez mais no presente, os indivíduos nas culturas ocidentais têm vivido obcecados com o "exercício" (a palavra alemã é *üben*), isto é, com a aquisição individual de competências e com esforços de autotransformação, a níveis cada vez mais competitivos e sem limites definidos. A um primeiro olhar de relance, poderemos descobrir um paralelo – ou convergência – interessante com uma das três condições elementares da vida humana de hoje que identificamos no início deste ensaio. Em vez de delegar aos "robôs" o trabalho humano, isto é, a máquinas que detêm o estatuto de servos ou escravos, conforme propagado por séculos de imaginação utópica, entramos numa dinâmica de autotransformação, individual e coletiva, em nossa fusão prostética com os computadores. Mais do que dominação e delegação, "autorreflexividade e autotransformação" parecem ser a fórmula combinada do nosso presente. É aqui que o diagnóstico de Sloterdijk se

---

7 Sloterdijk, *You Must Change Your Life*.

cruza com nossas reflexões. Mas além disso, gostaria de completar a descrição de Sloterdijk com a tese histórica de que o "exercício" autorreflexivo e autotransformador poderá responder e compensar uma dada situação, isto é, o mundo da globalização, no qual os contornos institucionais se confundem e é difícil identificar os padrões obrigatórios de interação. Contra nós mesmos, estabelecemos uma estrutura existencial que o nosso ambiente cultural se recusa a fornecer. Se, por exemplo, a estrutura organizacional da maior parte das empresas do Vale do Silício é horizontal, no sentido de que são não hierárquicas, e se os diferentes funcionários de uma empresa quase nunca trabalham juntos no mesmo espaço partilhado, o sucesso dessas empresas só pode depender de um nível extraordinário de automotivação e de transformação auto-orientada. A autorreferência substitui as estruturas institucionais. Para reescrever o mesmo pensamento com uma tonalidade distópica: o maravilhoso mundo novo de nosso presente globalizado nos condena a ser os nossos próprios Big Brothers. Ou, em palavras menos agressivas: no mundo neoliberal da globalização somos livres para nos reinventarmos constantemente.

7

Antes de ensaiar um juízo – ou uma afirmação mais sintética – sobre a visão antropológica aberta pelas referidas múltiplas reações ao processo de globalização, gostaria de fazer uma breve alusão a dois fenômenos que considero emblemáticos – de modos complementares – por dois aspectos estruturais básicos em que a informação vai se desligando de espaços físicos específicos. O primeiro é um novo tipo de celebridade e estrelato mundial sem fundamento ou razão particular de existir – o nome de Paris Hilton

Nosso amplo presente

é o que inevitavelmente vem ao pensamento (mas poderiam ser os nomes de David e Victoria Beckham, cujos sucessos respectivamente no futebol e na música pop não correspondem, até o momento, à presença maciça de seus rostos na mídia e nos comerciais onipresentes). Claro que não é função desses protagonistas midiáticos incorporar ou representar seja o que for (em vez disso, a vida deles se caracteriza pela evidente ausência de uma função ou de qualquer outro atributo); ainda assim, eles fazem parte de um permanente movimento transitivo, típico da condição em que nos separamos do espaço. Deste ponto de vista, os antecessores históricos de Paris Hilton e dos Beckham foram aqueles "cosmopolitas" privilegiados e aqueles "gigolôs" esforçados que acompanharam a emergência da rede ferroviária e da rede de aviação nos séculos XIX e XX. O segundo fenômeno emblemático da separação da informação em relação ao espaço é incomparavelmente mais agressiva e perigosa. Estou me referindo aos chamados instrumentos financeiros derivacionais que foram identificados como a principal razão para a dramática crise financeira que atingiu o mundo em 2008. "Derivacionais" são os instrumentos dos quais se espera que produzam lucro independentemente de qualquer objeto ou negócio "de referência" que substituiriam ou com os quais estariam em contato. É o tipo de separação que cria o risco de implosão econômica em situações em que uma necessidade coletiva surge para fazer a cobrança.[8]

Também aqui não incorrerei numa crítica apocalíptica da globalização como "razão" para aquele recente desastre financeiro em escala global, nem que seja para evitar qualquer otimismo infundado sobre a possibilidade de controlar tais processos. A

---

8 Ver o livro de Josef Vogl sobre derivativos, *Das Gespenst des Kapitals*.

globalização e as suas consequências podem bem ser parte de uma fase específica na evolução da humanidade, em que a cultura e a tecnologia tenham substituído a biologia enquanto fontes de energia que alimentam toda a mudança. Mas, se não conseguimos alterá-los, vimos ao menos como os efeitos da globalização provocam certas reações – às vezes reações de inércia – e, com elas, a impressão de que a dinâmica da globalização já não está em sincronia com as mais elementares necessidades humanas nem com os limites humanos. *Queremos recuperar o corpo humano como dimensão fulcral da existência individual; queremos afirmar lugares específicos, regiões específicas, e o planeta Terra como esferas do "lar" a que pertencemos; apraz-nos estar rodeados de ambientes históricos (artificialmente produzidos mas) coerentes; ansiamos por linguagens que abram e sejam moldadas pelos espaços específicos que chamamos de nossos; e queremos dar à nossa existência uma orientação e objetivos através de atividades autorreflexivas de "exercício".*

Esta lista de condições e necessidades convergentes que, no sentido mais literal da palavra, nos oferece um lugar e nos liga à Terra, tem em consideração o "quádruplo" (*das Geviert*) como motivo central da fase final da filosofia de Martin Heidegger.[9] As quatro condições que enquadram nossa existência individual, segundo Heidegger (terra, céu, divindade, mortais – *mortais* quer no sentido de outros humanos como nós, quer no sentido da nossa própria mortalidade), parecem mais simétricas e também mais mitológicas do que a "antropologia" que extraímos das nossas reflexões sobre a globalização e seus efeitos. Mas ambas as listas se assemelham, para não dizer que são mesmo sinônimas, na medida em que descrevem, na expressão de Heidegger,

---

9 Heidegger, Building Dwelling Thinking. In: _____, *Poetry, Language, Thought*, p.143-62.

a "habitação" enquanto "o modo como os mortais estão sobre a terra" e na medida em que incluem a intuição de que o "caráter básico da habitação é poupar, preservar". Mais próximo ainda das conclusões a que chegamos está a obra do italianista e filósofo Robert Harrison, que, em três livros diferentes que constituem um único argumento complexo, concentrou-se nas florestas, nos lugares de enterramento e nos jardins, a fim de elaborar aquilo que eu chamaria de um novo Existencialismo ecológico.[10]

O prefácio ao magnífico livro de Hannah Arendt, *A condição humana*, de 1958, faz eco das poderosas reações que o lançamento do Sputnik, o primeiro satélite artificial, causara apenas um ano antes.[11] Arendt opunha-se à visão muito difundida na época de que o Sputnik fora "o primeiro passo em direção à fuga humana da prisão na Terra". Opunha-se a essa visão porque acreditava que a identidade cosmológica da existência humana dependia do fato de que a própria condição da "cultura" e suas camadas de "labor", "trabalho" e "ação" se fundavam todas na vida – e a "vida", para Arendt, significava que todas as existências eram sustentadas pela nossa ligação biológica à Terra. Essa participação da existência humana de duas dimensões diferentes mas inseparáveis, que Arendt chamou de "artificial" (cultura) e "natural" (vida), explica por que o nascimento e a morte dos seres humanos, nas suas palavras, a "natalidade" e a "mortalidade", devem diferir do nascimento e da morte de todos os outros seres vivos. Se viermos algum dia a ficar definitivamente desligados da Terra, perderemos

---

10 Ver Harrison, *Forests – the Shadow of Civilization*; *The Dominion of the Dead* e *Gardens: An Essay on the Human Condition*.
11 Arendt, *The Human Condition*.

essa identidade e, junto com ela, a capacidade de trabalhar, de nos ocuparmos e de agir.

Pesquisas recentes confirmaram o fundamental da previsão e da preocupação de Arendt. Com uma óbvia diferença: não foram as viagens espaciais que puseram a condição existencial da habitação em perigo — mas sim a comunicação eletrônica, a mais importante base e a mais importante consequência da globalização.

3
Estagnação
Temporal, intelectual, celestial

A caminho do jantar organizado para os participantes de uma conferência num restaurante de comida georgiana, próximo ao Kremlin, dois colegas moscovitas, que, nos derradeiros anos da União Soviética, conseguiram achar outro modo de vida em Oxford e em Nova York, deram uma breve demonstração cultural aos americanos. Aqui estava a residência de Maiakóvski no início da Revolução de Outubro, ali a morada do jovem Pasternak. Quando jovens, eles passaram o tempo em frente ao centro comercial que tinha um relógio indicando as horas em cada parte do globo; com o seu infantil patriotismo fervoroso, ficaram sabendo que o primeiro Sputnik começara a órbita ao redor do planeta. Andreij afirma que este evento marcou o ponto alto das sete bizarras décadas concedidas à república comunista para concretizar as suas utopias. O americano pergunta quando foi que os cidadãos soviéticos deixaram de acreditar que as promessas marxistas-leninistas seriam cumpridas e se viraram para o desespero e para o derrotismo.

Notavelmente os meus dois colegas, que voltam para casa das férias, estão em total acordo: foi só no final da era Brejnev e quase de um dia para o outro – muito rapidamente, então – que um clima pessimista se espalhou, ou talvez tenha sido depois da morte do último secretário do partido, mais ou menos respeitado pela sociedade soviética – durante um período que já então se chamou de era de estagnação. A resposta causa espanto no forasteiro, que prontamente denota sua incompreensão. Não está ele seguro de que o comunismo já tinha se tornado intolerável para aqueles a quem tinha prometido libertar quando, nos anos 1930, decorreram os chamados julgamentos-espetáculo de Stálin? Ele não recorda – em 1956, quando da repressão da revolta na Hungria, ou em 1957, quando foi lançado o Sputnik – o medo, que se apoderou dos adultos do Ocidente, de que a triunfante União Soviética dominasse o mundo? Ele não celebrou – e de forma bastante sequaz – o fim da guerra do Vietnã como o triunfo da solidariedade socialista sobre a sua própria terra?

I

Uma outra estagnação, muito menos dramática, se abateu também sobre o minúsculo mundo da sua existência profissional, o mundo das Humanidades. Quando era estudante – ainda no final dos anos 1960, quando iniciou seus estudos universitários –, os trabalhos de filosofia e literatura deviam ser examinados "por si mesmos". "De modo imanente", como na época se dizia – mais num espírito "aprazível" do que em termos de método.

De repente, então, os "paradigmas" conquistaram os cantos mais remotos das instituições acadêmicas (na época em que os estudantes de Berkeley, Paris e Berlim começavam a tomar por energia revolucionária a sua insistente desilusão perante o mundo cansado de seus pais): o estruturalismo, com a sua precisão aparentemente matemática; o marxismo, que augurava verdade e transformação; o formalismo, cuja origem russa se confundia com um *pedigree* soviético; e a teoria da recepção, com sua legítima promessa social-democrata. Não tardou que a filosofia da ciência, iniciada por Thomas S. Kuhn, explicasse por que essas mudanças deveriam se chamar "mudanças de paradigma". Ilusões de cambiantes variados sobre a "relevância social" combinavam-se com uma crença mortal na "cientificidade".

Quando surgiu a premissa de que o mundo, afinal de contas, poderia não dançar ao som dos acadêmicos das Humanidades, apareceram, como de propósito, teorias bem mais suaves, menos fixadas na cientificidade e que apontavam na direção oposta. Em sua maioria vinham da França e eram chamadas, sob uma rubrica gramaticalmente singular que impôs uma uniformidade excessiva, de teoria francesa. Michel Foucault ao mesmo tempo assustou e acalmou os seus leitores com a mensagem: o poder (assim como muitas outras coisas) consiste em nada mais do que configurações "discursivas". A desconstrução de Jacques Derrida (e de Paul de Man) declarou tabu tanto as pronunciadas distinções conceituais como os argumentos sofisticados; isso encorajou os seus seguidores a se comportarem como iniciantes de uma nova sociedade de maçons livres, ainda que não fosse necessariamente clara a razão por que tais distinções deveriam ser evitadas. Então chegou o novo historicismo, que apenas trazia da França alguns vestígios, com suas descontraídas garantias de que a historiografia era só mais um gênero literário.

Antes mesmo que os acadêmicos, infundidos de fúria ideológica, pudessem formular a questão carregada de censura sobre se Foucault, Derrida e o novo historicismo teriam traído as teorias e os valores da esquerda clássica, uma atmosfera científica e politicamente programática veio turvar tudo de novo: ainda que talvez fossem uma trapalhada humanística de tudo o que existia sobre a Terra, os estudos culturais prometiam precisão empírica e entrega na luta pelo reconhecimento de todos os tipos de identidade. Academicamente, fosse como fosse, não havia espaço para brincadeiras. Na Alemanha, os estudos culturais combinavam com uma convicção de estirpe fundamentalista de que o futuro se concentraria na "mídia" a partir da perspectiva de engenheiros como utilizadores críticos.

A verdadeira profusão dos paradigmas ocorreu nos anos 1980. Desde então, o movimento de vaivém entre teorias "duras" e "leves" estagnou e secou a produção em série de paradigmas. Hoje em dia, nas Humanidades, publicam-se muitos livros notáveis – talvez em maior número do que antes. Os jovens colegas universitários parecem cada vez mais educados, os alunos, mais enérgicos que nunca, e os projetos de pesquisa lhes são devidamente "atribuídos". Pequenas cidades como Marbach am Neckar preservam da mesma maneira os arquivos de autores do passado e do futuro (o futuro passado). Tudo segue seu curso anormalmente normal, mesmo se hoje ninguém sabe onde cai a marca do fio da navalha. O dilúvio de paradigmas que chovia em rítmicas cadeias de reação e incitava a geração mais velha repousa agora, em casa e nas bibliotecas, nas prateleiras da "teoria", onde se agrupam livros que se distinguem tanto uns dos outros quanto da própria vida.

2

O fato de as Humanidades e o socialismo de estado terem caído ao mesmo tempo em charcos estagnados parece uma coincidência grotesca. No entanto, podemos imaginar uma fonte comum de energia que durante décadas os alimentou e agora está seca. Esta fonte pode ter sido a "consciência histórica". Esta "construção social do tempo" – este cronótopo – emergiu nos primórdios do século XIX e, como pré-condição institucional para o comportamento e as ações humanas, teve consequências de tal monta que foi simplesmente confundida com o "tempo" e a "história", até que alguns historiadores filosoficamente ambiciosos – sobretudo Michel Foucault e Reinhart Koselleck – começaram também a historicizá-la.

Se assumirmos, como mencionei na introdução, que por volta de 1800 (ou, para adotar uma periodização um pouco mais flexível, nos anos entre 1780 e 1830, que Koselleck chamou de "período-sela") a vida intelectual e escolar adotou o hábito de praticar auto-observação ao observar o mundo,[1] podemos entender como surgiu a impressão de que, para cada objeto do mundo – e mantendo as perspectivas de observadores múltiplos – deve existir um potencial infinito de "representações" ou "interpretações". Tal perspectivismo se transformou num *horror vacui* epistemológico, ou seja, num medo, perante a irreprimível multiplicidade de representações e interpretações, de que talvez nada no mundo seja completamente estável e idêntico a si mesmo.

Uma solução para este problema – ou, mais exatamente, uma resposta com efeito suficientemente poderoso para fazer esquecer o problema – implica trocar o princípio de apreensão do mundo como num espelho (um esquema em que existe uma, e apenas uma, representação/interpretação por objeto) por modos narrativos de entendê-lo. Isso aconteceu na filosofia da história

---

[1] O processo está descrito em detalhes no capítulo 2 do meu livro *Produção de presença*, p.43-73, especialmente a partir da p.61.

(inclusive – até especialmente – nas suas variantes populares) e nos esquemas evolucionistas *à la* Darwin. Tal realinhamento oferece uma solução para o problema do perspectivismo, uma vez que os discursos narrativos permitem sintetizar representações múltiplas como objetos idênticos, dispondo-os em sequência e fazendo com que pareçam ser, enquanto momentos de transformação, os inevitáveis efeitos do tempo. Assim, por exemplo, para responder à pergunta "O que é a Prússia?", tornou-se necessário contar a história da Prússia. Na mesma lógica, rapidamente se pensou que a especulação evolucionista daria as melhores respostas às questões relacionadas com a essência da humanidade.

Essa experiência do mundo e das coisas que o constituem como movimento, como uma história dentro das histórias – assim como o desejo de experienciar o mundo dessa maneira – forneceu a fonte de energia que, no começo do século XIX, alimentou com um dinamismo político, econômico e cultural sem precedentes a "curiosidade teórica" já despertada no Renascimento, e gerou um impulso inebriante para a inovação. Foucault chamou-lhe a *historisation des êtres*. Dessa confluência não tardou muito a erguer-se uma nova imagem do passado – o retrato da história que chamamos de historicismo. No seu núcleo instalou-se uma concepção de autorreferencialidade que se tornara mais complexa – do "homem" enquanto ser intelectual e princípio de movimento. Ora, conforme Koselleck fez notar com argúcia, a humanidade era vista no tempo, constantemente deixando para trás o passado como "esferas de experiência" e caminhando a passos largos para a frente, na direção de sempre novos futuros, moldados pelos "horizontes abertos de possibilidades". Entre estes futuros e aqueles passados, o presente se manifestava como "mero momento de transição"; assim experienciado, oferecia ao sujeito cartesiano, concentrado tão só nas funções da consciência, o seu hábitat histórico. O papel deste sujeito era alinhar experiências passadas com as condições do presente e do futuro e escolher, de entre as possibilidades permitidas pelo futuro, projetos para um mundo transformado que fossem sempre novos. Assim foi a operação de *Handeln* descrita pelos primeiros sociólogos do século XIX – que alguns filósofos consideram o núcleo da existência humana até os dias de hoje.

No seu auge histórico, tanto o socialismo quanto o capitalismo partilharam a consciência histórica como cronótopo do progresso e, por esta razão, como uma fundação comum e reserva de energia para motivação. Hoje, com certeza, há motivos para crer que o cronótopo do progresso já implodiu há décadas, ainda que os nossos discursos, por motivos de comunicação e autopercepção, o perpetuem. No início da década de 1980 – ou seja, quando uma sensação de estagnação começou a espalhar-se entre os cidadãos soviéticos e enquanto, em outros lugares, as Humanidades navegavam a penúltima onda da inovação eufórica – Jean-François Lyotard publicou *La Condition postmoderne* e virou a atenção crítica de inúmeros intelectuais ocidentais para os *grand récits* como discursos "totalizadores". Por esse meio implodiu uma premissa fundacional da consciência histórica depois de 1800 – na qual encontrava a resposta para o problema do perspetivismo e atrás da qual marchara triunfalmente através da epistemologia e do cotidiano. A suposição de que para cada objeto no mundo existe apenas uma representação narrativa colapsou. De uma só vez, ficou claro que poderia ser ativado um potencial infinito de histórias possíveis sobre a Prússia, tal como existia um manancial infinito de histórias sobre o desenvolvimento do *Homo sapiens*.

Quando a premissa da consciência histórica caiu, a visão historicista do movimento humano através do tempo se deslocou, creio, para o (às vezes, desconfortável) terreno do êxtase temporal e da simultaneidade. De modo algum, nos primórdios do século XXI, o futuro se apresenta como horizonte de possibilidades abertas à ação (*Handeln*). Ao contrário, o futuro se aproxima – quem estiver familiarizado com a Idade Média conhece estruturas temporais desse gênero – com cenários ameaçadores que não podem ser calculados em pormenor: pense, por exemplo, no "aquecimento global", nas catástrofes nucleares ou nas potenciais consequências da superpopulação. Encarando o prospecto de tais cenários se tornarem realidade, procuramos, na melhor das hipóteses, ganhar tempo; mas dificilmente continuaremos acreditando que o desastre pode ser evitado de uma vez por todas. Ao mesmo tempo, a fronteira entre passado e presente parece tornar-se porosa. Os intelectuais alemães, em particular, estão felizes por celebrar este deslocamento como uma viragem para um nebuloso "algo melhor", que chamam de *Memoria-Kultur*. No entanto, não se pode antever as consequências problemáticas de passados inundando o presente. Talvez, como uma vez afirmou Niklas Luhmann, não seja necessário declarar cada chaminé de fábrica da região ocidental da Vestefália um monumento nacional a ser preservado a qualquer custo. Seja como for, entre aqueles futuros ameaçadores e um presente que deixa cada vez menos traços, surgiu – a partir do "curto momento apenas perceptível", que Baudelaire descreveu em *O pintor da vida moderna* – uma presença, sempre em expansão, de simultaneidades.[2] Neste presente é impossível esquecer seja o que for e, ao mesmo tempo – porque estamos inclinados a virar as nossas costas ao futuro por razões

---

[2] Conferir o extensivo relato desta situação no meu ensaio Die Gegenwart wird immer breiter, *Merkur*, n.629-30, p.769-84.

que, embora razoáveis, não são necessariamente boas –, já não sabemos em que direção devemos progredir.

Este presente em expansão, no qual as experiências se acumulam até se tornarem um fardo pesado, já não oferece abrigo ao sujeito cartesiano, ou seja, à autorreferência da tradição moderna. Talvez isso explique por que desde o final do século XX tenham sido discutidas com intensidade crescente novas concepções de autorreferência (tais como a "reapropriação do corpo" ou o "reencantamento racional do mundo").[3] O novo presente é, acima de tudo, um presente cuja relação com o futuro transforma a crença no progresso e os ambiciosos projetos que ela acarreta numa disposição estagnante de algo mais profundo do que a depressão. É possível opor, à impressão de que este novo cronótopo tomou agora lugar, estatísticas "objetivas" de continuidade e até de renovação, mas os números e os valores empíricos não são a verdadeira questão. Na verdade, trata-se de uma questão de tempo como "forma de experiência", como Edmund Husserl definiu: uma construção social do tempo, que determina como transformamos as mudanças que captamos no nosso ambiente numa relação que estabelecemos conosco e com as nossas ações. Não perguntarei as "razões" por detrás desta – presumível – mudança de cronótopo, tal como não solicitei as "razões" e as condições epistemológicas para a emergência do pensamento histórico nos primórdios do século XIX. Os contextos nos quais as questões desse tipo assumem seu total significado são demasiado complexos para permitir – pelo menos sem uma discus-

---

3 *Rational Reenchantment* é o título programático – refere-se, em negativo, a Max Weber – de uma coleção de ensaios organizada por Joshua Landy e Michael Saller.

são alongada sobre seus pormenores – respostas que não sejam tautológicas.

3

Um processo que só recentemente se viu desenvolvido pode confirmar a impressão de que o cronótopo de consciência histórica colapsou após uma época de contínuas mudanças paradigmáticas. Por um lado, enquanto estruturas acadêmicas e institucionais, as Humanidades têm duzentos anos; a maioria das disciplinas que hoje as compõe remonta à era do Romantismo. Ao mesmo tempo, preserva um impulso e uma forma de autoconhecimento que existia já entre os filólogos do museu de Alexandria. Este legado inclui a salvação (sobretudo textual) dos documentos da erosão material e do esquecimento – o desejo de colecionar obras contra a dispersão no espaço, seja nos recessos de uma biblioteca, seja nos arquivos de uma disciplina.

A obsolescência de ambas as funções parece iminente à luz da tecnologia eletrônica de comunicações, que introduziu uma visão do futuro em que todos os documentos de que a humanidade dispõe, sejam ou não textuais, podem ser produzidos no ecrã de qualquer *laptop*.[4] Caso esta situação ocorra – e só as instâncias jurídicas poderão revelar-se sério obstáculo –, dificilmente a energia inovadora das Humanidades será reduzida, ainda que se perca uma das tarefas centrais que as têm sustentado (e, de igual modo, o potencial legítimo que tal tarefa acarreta). Apesar disso, o poder da tecnologia eletrônica de reunir e preservar

---

4 Conferir o meu artigo "Bibliothek ohne Buch" (In: *Frankfurter Allgemeine Zeitung*).

intensificará um problema que já tinha sido anunciado quando da implosão do paradigma historicizador. Esse problema inclui a dificuldade de selecionar objetos para uma atenção continuada na base de prognósticos acerca do futuro e sob condições crescentes de complexidade. Desde os tempos da antiga oratória até recentemente, a *copia* – a posse de um vocabulário extenso – era uma virtude notável. Hoje em dia o computador tornou acessível o conhecimento, em níveis de alcance e densidade antes inimagináveis – contudo, ao mesmo tempo, o seu uso levanta uma questão: Para que serve esse conhecimento?

4

Surgiu um novo tipo de intelectual. Graças à maestria hábil das tecnologias eletrônicas – mas também por meio de uma leitura paciente dos clássicos –, esse intelectual acredita saber onde encontrar a resposta para cada pergunta. É um parente do acadêmico que o general Stumm von Bordwehr em vão procurava na "mundialmente famosa biblioteca do tribunal" de Viena em *O homem sem qualidades*, de Musil. Respondendo ao pedido do general, de um "sumário de todos os grandes pensamentos da humanidade", o bibliotecário do tribunal ofereceu palavras desanimadoras. "*Herr General*, gostaria de saber como conheço cada livro? Só posso lhe dizer que é por isto: não leio nenhum deles!"

À semelhança do bibliotecário de Musil, os nossos computadores conhecem cada livro. Mas ultrapassam aquela personagem porque "leram" todos os livros, "relembraram" seus conteúdos e estão à disposição de usuários competentes que conhecem as perguntas certas a fazer. Este fato explica o porquê de nos colóquios das Humanidades os jovens participantes impressionarem os seus predecessores com a profundidade do seu conhecimento de fatos detalhados e frequentemente produzirem verdadeiras descobertas textuais. Por tudo isso, no entanto, retrocederam claramente a vontade de sintetizar materiais, a coragem de construir um argumento que mude as perspectivas críticas, e até mesmo o prazer de ser encontrado na especulação.

Entre os acadêmicos, caíram em descrédito as sínteses, teses e conjecturas aprendidas, mesmo quando é claro que não são obrigatórias nem empiricamente demonstráveis. Talvez os excessos das autoridades intelectuais mais relevantes do presente sejam não mais do que tolerados pelos seus sucessores – nada além disso. Na época em que os que em breve estarão aposentados começavam as suas carreiras – na época dourada do estruturalismo, da linguística e de Noam Chomsky – era comum ouvir (como em tom de ameaça) que em breve se escreveria uma "gramática" para cada dado fenômeno cultural. Tais gramáticas teriam como objetivo ocupar um ponto onde uma percepção intuitiva de essências se fundiria com a inovação. Hoje em dia, nada poderia estar mais distante do pensamento dos jovens estudantes do que esse tipo de ambição intelectual – um fato que não é necessariamente sintoma de decadência acadêmica.

5

Sugeri que a ascensão do cronótopo do presente amplo levou, para o clássico sujeito cartesiano, à perda da historicamente específica moldura do desenvolvimento. Os sintomas que confirmam esta tese foram notados ao longo dos (agora comuns) esforços filosóficos e pseudofilosóficos para reinstalar na ultrapassada concepção do sujeito componentes existenciais como o corpo, o espaço, a presença e os sentidos. A dimensão de *Handeln* – ou seja, a possibilidade de transformar permanentemente (e, desta forma, de renovar) o mundo – seria muito menos importante para um sujeito cuja autorreferência incluísse o corpo, como antes da era moderna, pois tal subjetividade estava inibida (ou, pelo menos, severamente restringida) na sua capacidade de pensar o futuro em termos de cenários a serem mudados através de uma ação consciente – um conjunto de pressupostos ao qual hoje em dia estamos acostumados e ao qual ainda recorremos sem pensar duas vezes.

Em vez disso, especulando ainda mais, seria necessário colocar em primeiro plano uma tendência que nos parece arcaica: encontrar no mundo – como espacialmente e temporalmente ocorre em ciclos recorrentes de hábito e costume – os lugares "certos" para o corpo e a mente humanos, ou seja, inscrever o ser de uma pessoa física e espiritualmente no mundo material.[5] Fazê-lo seria uma forma de ser-no-mundo que Heidegger analisa em *Ser e Tempo*. As instituições que permitem uma autoinscrição deste gênero são chamadas de rituais. A definição suscita uma questão: terá uma mudança funcional na cultura, que a transformou na esfera do ritual, levado ao novo estado de conhecimento e aos modos como é agora produzido? Uma mudança funcional desse tipo colocaria a cultura em forte oposição à asserção clássica de que a arte – precisamente devido à sua "autonomia" e distância do mundo diário – se comporta como um agente permanente de irritação, provocação e alteração na sociedade.

6

---

[5] Gumbrecht, *Produção de presença*, p.106-13.

Recentemente – e logo na cidade de General Stumm von Bordwehr – o americano teve uma conversa com o filósofo, que o fez lembrar que a cultura é uma esfera do ritual. Haviam se encontrado para jantar no terraço de um restaurante no "bairro dos museus", em Viena. A zona dos museus não fica longe do Hofburg, quando deixamos o centro da cidade. Notavelmente, consegue competir com o Hofburg em tamanho e está rodeada por museus (claro), teatros, salas de concertos, instituições de promoção de empreendimentos artísticos, além de edifícios que abrigam cópias de tudo aquilo em forma acadêmica.

Ali, num morno e proverbial entardecer de verão, por entre os ambiciosos (e, em alguns casos, verdadeiramente lindos) edifícios, passeavam centenas – talvez milhares – de jovens e casais de aposentados procurando a juventude, e, naturalmente, pessoas em plena idade laboral em busca de diversão. Sentavam-se nos bancos de pedra, embrenhados em conversas amistosas que às vezes assumiam um cariz apaixonado, esperavam na fila por bilhetes, ou simplesmente gozavam do prazer do sanduíche ou do pacote de batatas fritas que haviam trazido consigo. Neste dia, que não era mais especial do que qualquer outro, o financeiramente robusto governo austríaco tinha o direito de citar, com autossatisfação, a observação do *Fausto* de Goethe. Aqui, na zona dos museus, estava o seu "verdadeiro paraíso das gentes", pois tanto os grandes como os pequenos podiam ali exibir e vivenciar a sua humanidade. ("Eis o paraíso das gentes,/ E pequenos e grandes gritam felizes:/ Aqui sou humano, posso saborear a humanidade.")

Apenas o filósofo vienense parecia insatisfeito – rabugento, mesmo. Uma recente estadia prolongada em Nova York, segundo ele, redundara em grande desilusão. Não havia encontrado lá nada de valor cultural: a ópera era convencional, os dramas encenados de um modo comercial e a performance da orquestra desleixada. Regressara com um sentimento de certeza, no fundo, edificante do seu orgulho nacional, de que Viena era a capital cultural do mundo. No meio do bairro dos museus, sentando com o seu *goulash*, não apetecia ao americano propor nem uma recusa patriótica nem a concórdia em autocrítica sentimental. "Capital cultural do mundo" era um exagero, comentou amigavelmente, mas "capital mundial de eventos culturais" poderia ser um título honorífico mais adequado à Viena contemporânea.

Apenas quando se escutou a si mesmo lhe ocorreu o quanto o bairro dos museus era um lugar de eventos culturais extasiantes — nisto a expressão *eventos culturais extasiantes* soa um pouco a oxímoro, na medida em que os "eventos" do presente tendem a evitar o súbito arrebatamento que define o êxtase. Seja como for, pensou, numa associação mais vasta, a forma nuclear da cultura dos eventos é, claro, o curador. Finalmente compreendeu por que o verbo *curar* conseguira tão rápida ascensão, nos últimos anos, nas seções de cultura dos jornais alemães. Afinal de contas, o curador é uma incorporação — muito possivelmente a própria encarnação — do novo intelectual: um produtor de cultura que sabe, em primeiro lugar e acima de tudo, onde e que tipo de conhecimento encontrar — e, na sua profissão específica, onde e que tipo de objetos culturais encontrar. Além disso, possui o dom de encenar esse conhecimento e esses objetos no espaço, para que os grupos que visitam as exposições por si comissariadas possam encontrar o seu lugar na cultura num sentido completamente literal: porque se movem, com atenção e às vezes mesmo com reverência, através do conjunto de coisas expostas. O curador não está preocupado com a inovação — esse tipo de dinamismo tende a enervá-lo

–, mas sim em reviver as qualidades experienciais guardadas nos objetos adquiridos ao longo dos séculos.

Os programas dos teatros e das óperas de Viena e de outras capitais culturais do Ocidente assumiram há muito esta função. O número de novas peças de teatro, óperas e composições encenadas mantém-se mínimo — apenas o suficiente para refutar a crítica potencial de que está a ser negado aos criativos artistas contemporâneos o apoio que merecem de acordo com a noção social-democrata de justiça. No centro de todas as exaltadas culturas de eventos estão mais e mais produções perfeitas dos clássicos. Aqui — além da façanha formal que merece verdadeira admiração — não são de todo importantes as ideias provocadoras e seguramente iconoclastas (como no caso do *Regietheater* do passado recente); em vez disso, trata-se de apresentar nuances refinadas em permanente variação. A última "produção" de *Rosenkavalier* apenas pode ser verdadeiramente apreciada por alguém que tenha tido tempo suficiente para assistir a todas as encenações que a precederam. Nuances de um mundo onde o mesmo regressa — tal é a fórmula dos vários eventos que compõem a nossa cultura.

7

O regresso formulaico da nuance também liberta as hierarquias recebidas de qualidade e *niveau* cultural. Os tons celestiais das composições de Johann Strauss, o rei da valsa, e o mundo champanhe da opereta aguardam uma redescoberta, ao lado das óperas menos conhecidas de Richard Strauss. Como se numa alegoria para este tipo de nivelamento democrático, a área entre o Hofburg e o bairro dos museus estava reservada para os espectadores do Mundial de 2008. Quem quer que, à maneira de Adorno, ou mesmo por convicção genuinamente política, desse voz à sua crítica deste tipo de combinação pareceria perdidamente desatualizado, ou – o que é pior ainda, no mundo da União Europeia – vergonhosamente elitista. É este o caso, já que a arte nunca teve tantos admiradores como no século XXI – admiradores que não podem se integrar nem na classe dos *Bildungsbürgertum* nem na "aristocracia cultural".

Hoje em dia, o *Bildung* ocorre como um processo de autoformação que dura toda a vida. Nunca é tarde demais para "entrar a bordo", já que o seu programa valoriza muito mais os discursos propedêuticos e os exercícios do que o modelo antigo, quando a educação era absorvida por osmose, por assim dizer, com "boas maneiras" tradicionais. O assunto traz à memória a forma de temporalidade com que Helmut Schmidt, antigo chanceler alemão, fez piada ao sugerir que o fim da educação logo coincidiria com a aposentadoria; ao mesmo tempo, relembra o tipo de existência temporal, impregnado do *ethos* das relações não vinculativas que encontramos na noção de "parceiros para diferentes etapas da vida". Mas, por maior desdém que usemos nos comentários que nós, os intelectuais de ontem, fazemos, a nova e dominante realidade, isto é, a formação artística da cultura de eventos, facilmente ultrapassa até os sonhos mais audazes dos idealistas alemães dos primórdios do século XIX – um fato que torna ociosos muitos dos (se não todos) nossos preconceitos e objeções.

Talvez o processo de formação artística permanente – que treina para a cultura de eventos – esteja até no processo de negar a "autonomia da arte" que os idealistas filosóficos em tempos formularam. Por ironia, isso significaria também a realização de uma utopia central que anima a vanguarda histórica. Não sustento que a "autonomia da arte", alternadamente vista como sublime e lamentada como limitação, tenha desaparecido dentro da dialética porque, agora, os "patrocinadores" locais e multinacionais estão deveras preocupados – se não compelidos pelas exigências da imagem – em se tornarem famosos por promoverem a cultura. Sentir-se ofendido com este fenômeno – de fato, só apontar nele algo de especial – soaria a crítica cultural da mais antiquada.

A minha observação de que a *Aufhebung* [revogação] da autonomia estética talvez tenha ocorrido refere-se ao fato de que possivelmente desapareceu a descontinuidade entre os variados modelos de experiência estética e o dia a dia da economia e da política. Nos primórdios, arte e experiência estética estavam unidas num mundo fora do cotidiano, onde ofereciam uma alternativa – às vezes, celestial – à prosa da vida. Nos centros sem carros das novas cidades, os museus e as salas de concertos são construídos por arquitetos cada vez mais proeminentes; dentre eles, os eventos disparam rumo ao amplo presente. Os edifícios governamentais e os escritórios centrais dos bancos estão no processo de retirada para o anonimato da periferia urbana; já não são avaliados em termos de função, nem mesmo de segurança, mas – como acontece, por exemplo, na recém-inaugurada embaixada norte-americana em Berlim – em termos da nova estética de planejamento urbano. Isso parece uma expressão espacial do fato raramente mencionado de que – na Europa, pelo menos – a participação na cultura está pressionando as formas tradicionais de trabalho para longe do centro da vida dos contribuintes. Talvez a estagnação não seja um preço tão alto a pagar por um progresso tão massivamente existencial e social.

4
"Perdidos na intensidade focalizada"
Esportes de espetáculo e estratégias de reencantamento

Às vezes, as reações dos praticantes tornam-se momentos particularmente inspiradores na vida dos humanistas profissionais. Só os praticantes podem confirmar que nossas tentativas de construção são acertadas e, ao mesmo tempo, só eles têm autoridade para justificar o esforço de levar mais longe certos pensamentos que tenham começado a surgir em nós como intuições ousadas e, por isso mesmo, frequentemente vagas. Foi um momento intelectual assim decisivo que se passou quando, durante um colóquio sobre "The Athlete's Body" ["O corpo do atleta"], organizado pelos Departamentos de Atletismo e de Literatura Comparada da Universidade de Stanford em 1995, Pablo Morales, três vezes vencedor da medalha de ouro olímpica na natação estilo borboleta e antigo aluno de Stanford, explicou, como se fosse de passagem, de que modo o viciante desejo de estar "perdido em intensidade focalizada" o tinha feito regressar à competição esportiva depois de um afastamento inicial, numa idade em que parecia ser remota qualquer performance de classe mundial naquele esporte.

O complicado conceito de Morales referia-se muito explicitamente à experiência quer do espectador, quer do atleta, pois o que tinha lhe devolvido a impressão de se "perder na intensidade focalizada", como algo sem o qual ele ainda não conseguia viver, tinha sido a transmissão televisiva de uma prova de corrida de revezamento nas Olimpíadas de 1988:

> Jamais esquecerei quando vi a atleta Evelyn Ashford correr, vinda da posição de âncora, chegando lá de trás e ganhando a medalha de ouro para os Estados Unidos. A corrida foi transmitida do princípio ao fim, e depois mostraram uma repetição, mas dessa vez com a câmera focada no rosto de Ashford antes, durante e depois do *sprint*. Os olhos delas abarcaram o recinto, em seguida se focaram na estafeta, depois na curva lá na frente. Sem pensar na multidão, sem pensar sequer nas suas adversárias, vi como ela ficou perdida na intensidade focalizada. O efeito foi imediato. Tive de sair da sala. Mas quando pensei na minha reação nas horas que se seguiram, acabei percebendo o que eu havia perdido; aquele sentimento especial de perder-se na intensidade focalizada.[1]

A narrativa de Pablo Morales me ajudou a distinguir três dimensões diferentes na experiência esportiva. Em primeiro lugar, a expressão *perder-se* indica um isolamento peculiar e uma distância dos eventos atléticos em relação ao mundo do dia a dia e suas buscas, que é comparável ao que Immanuel Kant chamou de

---

1 Citado no meu livro *In Praise of Athletic Beauty* [*Elogio da beleza atlética*], p.50 ss. Este texto é fonte de vários fatos históricos e, acima de tudo, ponto de partida para alguns dos conceitos e motivos que tentarei desenvolver nas páginas que se seguem.

desinteresse da experiência estética. Em segundo lugar, aquilo em que os atletas e os espectadores "focalizam" — como alguma coisa que já está presente, ou algo por vir — pertence ao reino das epifanias, ou seja, aos eventos da aparência, mais precisamente aos eventos da aparência que mostram corpos em movimento como formas temporalizadas. Por fim, tanto a experiência quanto a expectativa de epifania vêm acompanhadas de — e ainda realçam — halos de intensidade, isto é, de estados de um grau quantitativamente mais elevado na consciência de nossas emoções e de nosso corpo.

Descrever a experiência esportiva como "perder-se na intensidade focalizada" sugere que o esporte pode se tornar, tanto para os atletas como para os espectadores, uma estratégia de reencantamento secular. É que "perder-se" coincide com a definição do *sagrado* enquanto reino cuja fascinação depende estar distanciado dos mundos cotidianos; as *epifanias* pertencem à dimensão do reencantamento precisamente porque o impulso da modernidade na direção do abstrato sempre tendeu a substituí-las através de "representações", ou seja, através de modos não substanciais de aparência; da mesma maneira, a *intensidade* marca um nível, em nossa reação ao mundo e a nós mesmos, que normalmente está destinado a desaparecer na trajetória do desencanto (que se nos tornou tão estranhamente normativa) — e que, pela mesma lógica, se transforma assim num predicado do reencantamento. Mais até do que em outros casos de reencantamento secular, parece evidente que podemos nos referir à prática esportiva e à prática de assistir a esportes como *estratégias* sociais. Se não é claro o que exatamente essas práticas podem estar substituindo na cultura contemporânea, e se não associamos a elas um propósito único nem uma função generalizada, permanece a impressão de que a presença e a crescente importância dos esportes nos dias de hoje ocupam o lugar de alguma coisa – e deveriam mesmo estar no lugar de alguma coisa – que perdemos.

Tentarei, em quatro breves exercícios de reflexão, restabelecer alguns desses aspectos de um mundo anteriormente "encantado" que, na maioria das vezes só meio conscientemente, recuperamos quando assistimos e praticamos esportes. Num primeiro momento concentrar-me-ei na performance do atleta enquanto evento que permite (o equivalente a) milagres, e depois procurarei identificar componentes de reencantamento, sobretudo efeitos de "epifania", na experiência do espectador. A terceira parte será sobre o estádio como lugar "sagrado", e concluirei com a descrição de um tipo específico de "gratidão" que une muitos espectadores à presença e à memória de seus atletas favoritos.

I

Graças ao seu complexo conteúdo teológico, basta ler algumas odes de Píndaro para se compreender como os atletas vitoriosos eram considerados "heróis" na Grécia Antiga, heróis sem o distanciamento nem a ironia que hoje normalmente temos implícito ao usar essa palavra – e como os heróis eram semideuses. Não havia dúvida alguma de que nos grandes momentos do desempenho dos atletas a força dos deuses – até os próprios deuses – estavam presentes, presentes na carne dos atletas e presentes no espaço. Assistir os atletas competindo conferia aos seus espectadores a certeza de estar perto dos deuses. A expectativa de que os deuses estavam dispostos a envolver-se na competição atlética era coerente com aquilo que os gregos acreditavam saber a respeito da maior parte deles: pense em Hermes e Afrodite, em Hefesto, Posídon e, sobretudo, em Júpiter, e ficará claro como as identidades desses deuses foram construídas a partir de diferentes tipos de valentia física. Tanto a *Ilíada* quanto a *Odisseia* deixam claro que, com base na sua força física, estes deuses estavam em competição constante uns com os outros; que o *agon*, ou seja, a luta e a competição, era sua forma central de vida – muitas vezes era a única razão pela qual se interessavam pelos humanos.

A proximidade com os deuses, cuja presença real supostamente o *agon* dos atletas ajudava a conjurar e a incorporar, tornou-se a razão de todos os Jogos Pan-Helênicos, mais evidentemente os Jogos de Olímpia e de Delfos, serem organizados ao redor de santuários religiosos. É que o aparecimento dos deuses era um tipo de evento que se esperava que se transformasse em realidade no espaço – e pode bem ter sido a partir dessa premissa que Martin Heidegger se inspirou para descrever aquilo que chamou de "desvelamento do Ser" e o "evento da Verdade" através de uma topologia espacial – isto é, como um "balancear", um "surgimento", através de sua interpretação etimológica de "objetividade" que se aproxima num movimento horizontal.[2] Ao mesmo tempo, uma cultura que, tal como parece ter feito a cultura da Grécia Antiga, conta com a presença dos deuses como possibilidade permanente não tende a utilizar palavras como *milagre* nem a isolar uma dimensão específica do *miraculoso*. Mais uma vez, porém, fica claro que nas odes de Píndaro as grandes vitórias olímpicas eram entendidas como eventos da presença divina, isto é, eventos que excedem os limites do humanamente possível. Poderíamos até especular que os gregos não estavam interessados em estabelecer recordes, ou seja, não queriam saber a que distância o disco havia sido lan-

---

[2] Para mais evidências relacionadas a esta tese e para uma lista de referências de Heidegger, ver Gumbrecht, *Produção de presença*, p.90-104.

çado, ou quanto um corredor tinha se distanciado dos adversários, pois os poderes divinos põem a ridículo qualquer tipo de medição.

Obviamente, e por muito boas razões, na cultura dos nossos dias é considerado sintoma de mau gosto intelectual considerar "divino" o desempenho de um atleta ou dar o valor de milagre à dimensão potencial de quebra de recordes. Desde há muitas décadas que os esportes desencadearam o desenvolvimento de métodos de prática com fundamentos científicos – e numa série de países isso levou à emergência de uma disciplina acadêmica muito capaz de explicar de modo racional aquilo que os gregos consideravam ser inspiração divina na performance atlética. Os atletas de sucesso dos nossos dias estão bem conscientes do quanto dependem do progresso de uma pesquisa altamente especializada e também aprenderam a traçar uma fronteira muito clara entre esta base necessária à sua performance e aquilo que consideram ser os resquícios da superstição pessoal. O modo como vivem e recordam os seus momentos mais inspirados une-se fortemente à tradição de pensar o encantamento como presença divina. Assim, desta perspectiva, considero esclarecedor que "estar na zona", metáfora espacial, tenha se tornado o modo convencional entre os atletas de hoje para invocar momentos particularmente inspirados, momentos que desafiam qualquer explicação racional. Veja esta descrição de como é estar na zona. Foi escrita por J. R. Lemon, um dos melhores *running backs* da história do futebol americano em Stanford:

> Quando um jogador entra na zona, advém um estado de hipersensibilidade e de tensão. Isso explica a aparente facilidade durante a minha corrida em direção à zona final. Não significa que não estou dando duro como os outros jogadores em campo. Só que nesse estado de hipersensibilidade as coisas se movem muito mais devagar

do que para o resto dos jogadores. Os meus sentidos estão muito mais conscientes do que está se passando ao meu redor e isso faz com que todas as ligações dentro de mim reajam um pouco mais depressa do que nos outros jogadores, me fazendo parecer mais fluente.

Obviamente, J. R. Lemon está evitando nessas frases a linguagem religiosa, embora não afirme que estar na zona implique um estado completamente sob controle de suas intenções. Um jogador deve estar física e mentalmente bem preparado para estar aberto a isso – mas estar preparado não será suficiente. O mais que se exige para que um jogador esteja na zona dependerá, como diríamos hoje, de ele estar "ligado", de um determinado jogo ser ou não ser "dele" – dependerá daquilo que os gregos teriam chamado de inspiração divina.

2

Se para um atleta estar na zona é um estado que ele aguarda "em intensidade focalizada", a focalização dos espectadores, especialmente em esportes de equipe, é no surgimento de belas jogadas. As belas jogadas são a epifania da forma. Sim, em última análise, a maioria dos espectadores quer que "seus" times ganhem – mas se ganhar fosse tudo, bastaria que diariamente se consultassem as tabelas com os resultados. Uma bela jogada, por exemplo, J. R. Lemon recebendo a bola do seu *quarterback* e achando um furo na linha defensiva da equipe adversária, através do qual passa a bola para outro primeiro *down*, é uma epifania da forma porque tem a sua substância nos corpos participantes dos atletas; porque a forma que produz é improvável e, logo, um evento obtido contra a resistência da defesa do outro time; e, por fim, e sobretudo, a jogada bela é epifania porque é uma forma temporalizada, uma forma que começa a sumir no próprio processo de sua emergência.

Para cada espectador individual, uma bela jogada do seu time produz um instante de felicidade. Respiramos fundo e, por um momento, percebemos como a façanha e a confiança dos jogadores se tornam contagiosas e parecem nos arrebatar. Ao menos é o que a maioria dos espectadores espera que lhes aconteça, mais precisamente – e inconscientemente – todos aqueles que interiorizaram as regras e o ritmo do jogo, e que não têm uma abordagem profissional na análise do que acontece em campo (como os treinadores e os jornalistas). Esses espectadores – podemos chamá-los de espectador comum –, que podem se permitir dar vazão às suas emoções, não demorarão a sentir que estão se tornando parte de um corpo maior e comunitário, mais do que coletivo. É no âmbito desse corpo comunitário que os espectadores que nunca haviam se encontrado e não voltarão a se encontrar se sentem à vontade para se abraçarem, e é esse corpo comunitário que gosta de transformar-se no movimento da "onda". Observar-se fazendo esse movimento e escutando o ruído que produz em certos momentos da partida confere uma autoconsciência que acrescenta coesão ao corpo de espectadores. O corpo comunitário de espectadores pode se tornar a base para os torcedores se sentirem unidos com os jogadores do seu time e poderem, em momentos raros e gloriosos, conquistar o outro time e respectivos espectadores. Era nesse espírito que estavam quando, na noite de inauguração do Estádio Austrália, em Sidney, o time neozelandês de rúgbi fez um sensacional ataque vitorioso e ganhou do seu arquirrival australiano – feito que todos os jornais matutinos, mesmo na Austrália, celebrariam de forma unânime como "uma das melhores partidas na história do rúgbi".

Nosso amplo presente

Parece existir um nível de participação em que a fruição e a apreciação de belas jogadas excedem o desejo de vitória, em que a convergência comunitária ultrapassa a dinâmica de rivalidade. A ambiguidade inerente a esses momentos aparece certamente em outros tipos de corpos comunitários, principalmente naqueles moldados pela experiência religiosa. Deve ter sido a promessa de ultrapassar a reclusão individual que motivou uma das mais canônicas interpretações da Igreja Cristã enquanto "corpo místico de Cristo". Mas a história nos mostra como, em certos momentos, os "corpos" de diferentes denominações se formam uns contra os outros, conduzindo a guerras religiosas devastadoras, ao passo que, em outros momentos, as comunidades religiosas se abriram com entusiasmo à fusão ecumênica e à felicidade. Se hoje em dia as divisões que separam as diferentes interpretações e formas do Islamismo parecem ser mais inconciliáveis do que nunca, este é um momento propício à cocelebração dentro da cristandade. E pode não ser por acaso que os estádios construídos para eventos de esportes de equipe sejam utilizados hoje para eventos religiosos de grandes multidões. Enquanto houver comunidades religiosas, é trivial – e simplesmente desajustado – afirmar que o esporte se tornou na "religião do século XXI". Mas é óbvio que o esporte e um renovado entusiasmo pela experiência religiosa convergem hoje como modos de reencantamento do mundo moderno.

3

Perante este contexto, não é preciso muita imaginação teórica para ver que os estádios detêm o estatuto de lugares sagrados. Eles ganham uma aura por serem visivelmente disfuncionais, ou seja, por serem explicitamente diferentes dos espaços e dos edifícios que preenchem funções pré-definidas em nosso cotidiano. De um ponto de vista econômico, não há gesto mais contraintuitivo na cultura contemporânea do que a construção de novos estádios em áreas comerciais, onde os preços do imobiliário são extremamente elevados. Não apenas porque as instalações esportivas impedem a construção em altura, que normalmente maximizam o uso dos terrenos adquiridos; mais importantes do que isso, os estádios estão vazios a maior parte da semana e às vezes durante períodos mais longos.

Ora, isso não só explica por que os estádios vazios, enquanto espaços sagrados, são quase irresistíveis para os fãs apaixonados por esportes. Acima de tudo, os estádios, na qualidade de espaços sagrados, são espaços que exigem e desencadeiam camadas de comportamento ritualizado durante aqueles momentos relativamente breves, durante os quais se enchem de ação. Quer para os atletas, quer para os espectadores, estar num estádio não tem a ver principalmente com a invenção e a exibição de ação individualizada. Tem a ver com alguém inscrever-se fisicamente numa ordem pré-existente que permite somente estreitas margens de variação. Todos os eventos, todos os países, todos os momentos da história dos esportes desenvolvem seus próprios rituais, poses e gestos que abrem uma dimensão à interpretação individual infinita. Pense nas transformações graduais, ao longo da história, dos uniformes dos diferentes esportes, nos sempre novos objetos de atenção para entretenimento durante os intervalos, ou nos sinais de tensão ou de respeito mútuo entre jogadores dos times rivais (da correção "esportiva", passando pelo claro antagonismo cruel, até o falso sorriso de amizade das estrelas midiáticas).

Porém, comum a toda a multiplicidade desses coloridos progressos, um padrão estrutural se impõe em qualquer situação de esportes de espetáculo – e essa forma está claramente relacionada com a natureza do estádio como espaço sagrado. É o contraste entre momentos de vazio ou inação e momentos preenchidos com a mais intensa atividade corporal, um contraste que, reiterado a muitos níveis diferentes, mimetiza a relação existente entre os estádios, quase sempre vazios, e os movimentados entornos urbanos em meio aos quais estão construídos. Quando o espectador comum entra no estádio, meia hora ou dez minutos antes do pontapé de saída da partida, ele vê e é atraído de imediato pelo campo de jogo vazio, uma promessa do momento iminente em que os times "se apoderam do campo". É através desse excitante momento, totalmente aguardado e ainda assim explosivamente excitante quando os times se apoderam do campo, que os espectadores são conjurados para a sua identidade e a sua agência comunitária.

Logo após essa cena inaugural, o contraste principal se transpõe para a diferença constantemente repetida entre movimentos lentos (ou *stasis*) e a velocidade e a força típicas da performance atlética. Talvez não exista outro esporte de equipe que mais fortemente retrate o potencial deste elemento estrutural do que o futebol americano. Antes de cada partida, dois grupos de onze jogadores se perfilam frente a frente, como imagens imóveis, desenhando formas complicadas no campo. O que pode se seguir, desde o segundo em que o centro entrega a bola para o *quarterback*, dando início a um novo jogo, não é totalmente descrito pelo contraste entre a partida bela (ofensiva, neguentrópica) ou as forças destrutivas (entrópicas) da defesa. É que o futebol americano gera também um tipo de situação em que, aos segundos da dupla imagem imóvel, não sucede nem forma nem caos, sendo que as razões para este "nem/nem" podem ser "jogo atrasado" ou "fora de campo". Na continuação dessa sinalização, os jogadores regressam às linhas laterais para conversarem com seus treinadores, antes de se alinharem de novo. E é esta impressão de "nada" que interessa.

Poderíamos muito bem especular que os jogadores e os espectadores num estádio produzem, em conjunto e em diferentes níveis, uma incorporação daquilo que Martin Heidegger identificou, no movimento de abertura da sua "Introdução à Metafísica", como a questão filosófica primordial, a saber, a questão de por que existe alguma coisa em oposição a nada.[3] Essa questão pode provocar vertigens existenciais a quem se atrever a pensar em todas as suas possíveis consequências. Mas incorporar uma questão é diferente de pensar nela até as últimas consequências e de se expor ao seu impacto existencial. O mais provável é que nem jogadores nem espectadores sequer façam ideia do que podem estar incorporando – e que menos ainda tenham intenção de o fazer. É como se, no espaço sagrado do estádio, cumprissem um mandamento religioso para o qual ainda não estão disponíveis nem palavras nem teologia.

4

Quando se fala e escreve sobre esportes a partir de um ângulo histórico, a tendência é enfatizar demasiado os momentos de repetição, que sugerem uma continuidade, tendência provavelmente resultante da – sem dúvida ajustada – intuição de que a nossa participação nos esportes, seja como atletas ou como espectadores, está relacionada com camadas da existência humana

---

[3] Heidegger, *An Introduction to Metaphysics*, p.1.

muito básicas e meta-históricas. Em contrapartida a esta inclinação de focalizar invariáveis históricas, é importante ressaltar que, por outro lado, as circunstâncias em que essas camadas básicas de nossa existência estão sendo ativadas pelos esportes formam uma história de descontinuidade surpreendente.[4] Houve momentos, entre a cultura da Grécia Antiga e os nossos dias, em que teria sido difícil descobrir fenômenos que se assemelhassem à noção que hoje temos do que é "atlético". Por exemplo, nenhum esporte de equipe, cuja incomparável popularidade neste começo do século XXI nos faz identificá-lo com a ideia de esporte, existia antes de meados do século XIX. As multidões que eles atraem para os estádios e através da mídia têm crescido sem parar nos últimos cem anos – e parece que continuam crescendo. Por isso, torna-se irreprimível (e talvez seja mesmo irrefutável) a ideia de que – pelo menos em termos de quantidade – a triunfante história dos esportes de equipe enquanto esportes de espectador aponte na direção de uma nova e relevante função de compensação, uma função de compensação e de reencantamento secular – numa época em que o processo ocidental de secularização e de desencantamento do mundo (no sentido de Max Weber) pode ter atingido uma fase próxima da perfeição dentro de nossa esfera pública globalizante. Pense: haverá ainda algum fenômeno em que seja permitido ser irracional e nada pragmático em público?

Neste contexto, poderemos também nos perguntar por que razão os times e suas epifanias de forma coletivamente produzidas parecem nos fascinar hoje mais do que os seus mais preeminentes jogadores, que são parte desses times; e por que estamos

---

[4] O segundo capítulo de *Elogio da beleza atlética* apresenta mais evidências desta visão.

nos afastando, ainda que lentamente, daquele tipo de concentração quase exclusiva nos atletas individuais que caracterizavam os esportes na Grécia Antiga, ou o mundo incrivelmente popular do boxe profissional na Inglaterra durante o final do século XVIII e o começo do XIX (hoje em dia, os jogadores que não param de cultivar o estrelato individual, como o famoso jogador de futebol britânico David Beckham, diminuem claramente seu *status* no âmbito do esporte). Uma explicação para que isso aconteça pode ser porque, na sua forma presente, o reencantamento que o esporte (e outros fenômenos) propicia parece não ser mais um dom oferecido pelos deuses aos atletas, que são semideuses, mas provavelmente um efeito do comportamento bem coordenado – talvez coordenado sacramentalmente – da maioria. É difícil prever aonde esta tendência nos levará. Seja como for, o esporte, com seus efeitos de reencantamento, conquistou uma proporção enorme do atual mundo do lazer. Como tal, se posiciona por contraste com um mundo público e profissional que não podia ser mais desencantado. Devemos tomar as mais recentes conquistas da moda (podemos usar no trabalho bonés de beisebol e roupa esportiva da Nike) como indicador de um futuro em que os esportes contaminarão a dimensão racional de nossa existência coletiva?

Hoje muitos de nós ainda sentem os efeitos benéficos do esporte como compensação por coisas que parecemos perder e que podemos ter perdido irreversivelmente no processo do desencantamento moderno, entre as quais o efeito de manter aberto um espaço para o corpo em nossa existência. Isso explicaria porque tantos fãs de esportes hoje (e me incluo entre eles) sentem uma gratidão intensa e vaga para com seus mais admirados heróis. Trata-se de uma gratidão "vaga" porque de algum modo sabemos que, "enquanto pessoas privadas", nem os atletas de antes nem os de hoje podem ser de fato seus destinatários. Claro que existem as raras ocasiões em que surge a possibilidade de (tentar) pessoalmente dizer "obrigado, sr. Jeter, por ter sido um *shortstop* tão incrível nos New York Yankees, durante tanto tempo", ou "prezado sr. Montana, jamais esquecerei a precisão suave de seus passes *touchdown*". Mas (pelo menos estatisticamente) é pouco provável que nossos heróis se sintam agradecidos por tal gratidão, quanto mais entabular uma conversa conosco. Acima de tudo, sentimos que o referente de nossa gratidão literalmente "transcende" o nível dos indivíduos e das conversas individuais. Neste sentido, a nossa gratidão é semelhante à gratidão que fazia com que os gregos acreditassem na proximidade espacial em relação aos deuses como condição para grandes façanhas atléticas. Porém, como muitos de nós perdem em nossa existência privada os tradicionais horizontes religiosos da transcendência, esta gratidão é, por assim dizer, defletida em direção ao mundo que temos. A gratidão por grandes momentos atléticos se transforma em gratidão por aquelas coisas que aprovamos, de que gostamos e que apreciamos em nosso cotidiano. Estarmos gratos pelo que temos não faz de nós necessariamente "acríticos" e "afirmativos". Apesar de que este deve ser precisamente um receio que explica porque tantos intelectuais — mesmo alguns intelectuais que adoram assistir ou praticar esportes — têm tanta dificuldade em fazer as pazes com essas atividades.

5
Admiração constante num presente em expansão
Da nossa nova relação com os clássicos

Se até hoje a nossa relação com os clássicos não se tornou tópico recorrente nas perguntas dos exames nem seduziu os suplementos literários, várias observações, algumas aparentemente triviais, sugerem que essa mesma relação tem se alterado — no modo como é vivida pelos leitores cultos, e não na maneira como se reflete nas instituições, que são mais lentas para reagir à mudança. Por enquanto, não temos um vocabulário para descrever essa alteração; ela não tem nome, nem programa — mas é certo que não está limitada à cultura de uma nação em particular. Na verdade, é esse caráter difuso dessa nova relação com os clássicos que tanto revela como obscurece esta nova dinâmica.

Onde quer que se tenha percebido um desenrolar de acontecimentos desta natureza nos últimos trezentos anos, seguiram-se duas reações opostas com previsibilidade reflexiva. Sempre houve vozes comemorativas de um "regresso aos clássicos" como o inevitável triunfo da qualidade absoluta num sentido literal; algo a ser bem acolhido, como se o presente se corrigisse a si mesmo, mesmo se tarde. Outras, porém, com um leve sentido de insegurança, questionaram se um recuo em direção aos clássicos não seria sintoma da diminuída vitalidade, até mesmo da decadência, da nossa época.

Há muito tempo que nós, acadêmicos profissionais da literatura e das artes, deveríamos ter relegado essas reações triviais para o âmbito das conversas de jantar de cerimônia: não passam de posições arbitrárias assumidas sem espírito crítico. Aliás, temos obrigação de o fazer perante aqueles que nos financiam. A questão não está em celebrar a mais recente descoberta de um clássico ou reagir com um erguer de sobrancelha. A alternativa que proponho, em muitos aspectos mais exigente ainda, é antes de tudo argumentar que a nossa nova relação com os clássicos, ainda em difuso exercício, surgiu de uma alteração em nossa construção do tempo (recorrerei aqui, como sinônimo, à palavra *cronótopo*, apesar de estar bem consciente de que este uso não transmite todas as nuances em que os alunos de Mikhail Bakhtin, que deu origem à expressão, insistiriam). As formas do tempo, conforme sabemos desde Edmund Husserl, moldam o contexto em que encenamos a experiência, incluindo o cenário em que lemos os textos que herdamos sob o pretexto de seu mérito inerente.

A minha ideia só exige apoio porque as Humanidades não deram pela transformação de nosso cronótopo – o que explica por que a nossa relação alterada com os clássicos é tão onipresente. Termos admiravelmente complexos como *tempo histórico* e *história* carregam ainda – como o demonstraram com mais evidência Michel Foucault e Reinhart Koselleck a partir de vários pontos – uma amplitude de referência que se cristalizou no começo do século XIX. Defendo que esta amplitude de referência deixou de caracterizar com rigor o modo como nossa experiência é moldada no presente. A transformação nos apanhou desprevenidos;

aliás, pegou de surpresa todas as Humanidades. Ora, nossa nova relação com os clássicos é de fato um sintoma importante deste cronótopo. Aliás, é cada vez mais claro que nossa relação com a autoridade, e não apenas a autoridade cultural, sofreu uma transformação combinada com nossa construção predominante. Pois nossa nova relação com os clássicos parece mais irônica do que era na época do historicismo.

Exporei meu argumento em cinco etapas. Primeiro, e como já ficou dito, darei alguns exemplos difusos que falam de uma nova relação com os clássicos no tempo presente. A isso se seguirá uma breve reflexão sobre a reforma dos termos *clássico* e *cânone* entre os séculos XVIII e XIX. Isso conduzirá até a terceira parte do meu argumento, onde comparo a emergência do historicismo depois de 1800 (e suas implicações para os termos *clássico* e *cânone*) com algumas das razões para sua obsolescência no terceiro quartel do século XX. É possível, tendo esse pano de fundo, iluminar uma nova relação com os clássicos, não apenas — como estou defendendo — em casos difusos, mas, antes de mais nada, num novo modo de ler. Talvez seja surpreendente, mas na quinta parte do meu argumento considero de que modo a situação difere de país para país. Finalmente, questiono se, enquanto nossa relação com palavras como *clássico* e *cânone* foi se alterando ao longo da história, não terão surgido diferenças dentro das próprias nações.

I

É frequente, entre os intelectuais das décadas mais recentes, a observação de que não surgiu nenhum pensador brilhante. Isso é mais evidente em Paris do que em qualquer outro lugar do mundo. Há menos de trinta anos, uma pessoa culta que visitasse aquela cidade poderia esperar encontrar alguns de seus heróis intelectuais contemporâneos num seminário ou num café (ainda que esta última expectativa sempre viesse acompanhada de uma ideia bem previsível e romantizada de Paris). Na época, viviam, ensinavam e escreviam em Paris pensadores de fama verdadeiramente mundial: os filósofos Gilles Deleuze, Jacques Derrida e Jean-François Lyotard; os historiadores François Furet, Michel Foucault e Jacques Le Goff; Roland Barthes, o semiólogo que se tornou figura de proa literária de todo um novo movimento; e Claude Lévi-Strauss – já na época uma espécie de figura paterna –, que haveria de sobreviver a maioria dos anteriores. É certo que não devem faltar acadêmicos nas Humanidades da Paris atual que sejam altamente competentes e produtivos, mas desse grande período restam somente algumas figuras que emanam alguma espécie de aura – Michel Serres é um deles. Isso é com certeza sintomático da nossa relação alterada com a autoridade intelectual.

Ao mesmo tempo, sentimos mais do que nunca grande entusiasmo diante de edições novas (ou recentemente aumentadas) de textos clássicos, com comentários extensos. A edição da correspondência de Louis-Ferdinand Céline, que nem chega perto da força de sua prosa literária, fez sensação no mercado livreiro francês no começo de 2010. Na Alemanha, sobretudo, a aparentemente interminável sucessão de comemorações de aniversários atingiu proporções extraordinárias, exibindo os versos de Johann--Peter Hebel e seu rosto vago nas páginas dos suplementos literários e nas prateleiras das livrarias que ainda restam. Sempre que as instituições de fundos para pesquisa se recusam a apoiar novas edições de clássicos, deparam-se com tumultuosas ondas de indignação. Surgiram clássicos maiores e clássicos menores, não apenas em edições cuidadas, mas, recentemente, através de biografias muito bem escritas, resultantes de pesquisa apurada, o que é algo bastante notável, pois até há pouco tempo este era um gênero anátema para os acadêmicos. O sucesso internacional que – após uma resistência inicial – desencadeou isso talvez tenha sido a biografia de Shakespeare escrita por Stephen Greenblatt, tão ousada quanto lucidamente especulativa. Desde então, pelo menos na Alemanha, ninguém ficou surpreso com a série de significativos relatos sobre Stefan George, seguida por uma história de recepção, que vem aumentar a cobertura biográfica; ninguém mais se espantou com as abundantes descrições da vida de Schiller, na comemoração dos 250 anos de seu nascimento; ninguém tampouco se surpreendeu quando foi publicado um estudo da vida do historiador social Werner Conze, um acadêmico cuja falta de originalidade condizia com o seu oportunismo em relação aos governantes nazistas.

E todos esses livros são lidos, discutidos e estimados por uma geração de amigáveis "jovens" acadêmicos, que têm entre 25 e 50 anos de idade, que são extremamente competentes em áreas muito específicas e que, portanto, evitam os conflitos edipianos resultantes da defesa de teses provocadoras. O que podem fazer os eminentes ex-revolucionários do meu tempo a não ser renunciar quer à bem mantida prática de "revisão crítica", quer às ambições de impenetráveis seminários (por exemplo, "A diferença cultural no Alasca e o problema das pistas geladas"), e, para melhor se resguardar, prestar tributo aos clássicos? Em vez de teimar e ser ignorado, fui ganhando o hábito de divulgar um de meus quatro seminários anuais (de graduação e de doutorado) num programa econômico, usando simplesmente os nomes de escritores ocidentais clássicos: Jean Racine, Voltaire, Denis Diderot e Gustave Flaubert; Friedrich Hölderlin, Heinrich von Kleist, Robert Musil e Gottfried Benn; Lope de Vega, Calderón, García Lorca e Luis Martín Santos. O sucesso que tive quando ensinei Kleist a alunos de graduação me convenceu que essa alteração no curso seria mais meritória do que outra que se conformasse à convenção acadêmica. Os alunos de Stanford puderam desfrutar daquilo que chamaram de "maneirismo linguístico de Kleist" — por exemplo, de sua descrição do grito prolongado de um ladrão que, subindo numa diligência, é chicoteado pelo condutor, descrição que nos permite interpretar a lapidar conclusão de Kleist numa carta de março de 1792: "Encontramo-nos nesse charmoso concerto em Eisenach, à meia-noite". Os alunos regressaram também, várias vezes, às pegadas desiguais que Adam, o juiz da aldeia, deixava na neve durante suas caminhadas cheias de preocupação. Surpreendido positivamente com o fascínio que eles revelaram, não resisti à tentação de aceitar o convite de uma pequena universidade brasileira para fazer três conferências sobre Kleist.[1] Houve mais jovens assistindo essas palestras do que em todas as que eu fizera anteriormente, e eles vinham tanto para ouvir o original alemão quanto a improvisada tradução das citações que conheciam de Kleist em português. O suicídio de Kleist e de sua amante, Henriette Vogel, nas águas de Wannsee, e as derradeiras cartas que o autor ali escreveu tornaram-se surpreendentemente (pelo menos, para mim isso foi

---

1 As três conferências foram publicadas num número especial da revista *Floema: Caderno de Teoria e História Literária*, 4A, "Kleist por H. U. Gumbrecht" (Departamento de Estudos Linguísticos e Literários da Universidade Estadual do Sudoeste da Bahia, outubro 2008), o qual, além do texto das conferências, transcrito e editado por Marília Librandi Rocha, inclui algumas das cartas de Heinrich von Kleist, traduzidas para o português e no original alemão, além de uma bibliografia do autor alemão em língua portuguesa. (N. T.)

surpreendente) o tópico preferido daqueles estudantes; principalmente o excerto em que Kleist compara a ascensão de suas almas com uma serena viagem de balão. Se antes não estava claro, ali, em Vitória da Conquista, na Bahia, ficou bem patente para mim que alguma coisa de fundamental acontecera com a relação que temos no presente com os clássicos da literatura. Mas naquela época eu não conseguia explicar que mudança era aquela.

2

Qual foi exatamente e qual é hoje o contexto em que podemos identificar e descrever a mudança na nossa relação com os clássicos? Na Alemanha, a mais famosa definição de clássico é a de Hans-Georg Gadamer. Nela, a "eminência" desses textos excepcionais se funda no poder permanente e imediato que eles têm "de falar conosco". Então, implicitamente, os textos clássicos parecem ter, para nós, um caráter paradoxal, pois o pressuposto historicista de Gadamer é que, à medida que eles vão envelhecendo, diminui a acessibilidade dos textos. Ficam claros três pontos: em primeiro lugar, a expressão *clássico*, até hoje de uso comum, é um paradoxo. Em segundo lugar, a sua forma paradoxal resulta do pressuposto historicista de que o sentido de um texto depende do seu contexto histórico específico. Em terceiro lugar, essa expressão *clássico* se multiplica, sobretudo na Alemanha, apesar do relativo descrédito da noção de cânone. É que se presume que um cânone não tenha limites temporais, e, por isso, é difícil de conciliar com um *corpus* de clássicos, que são anomalias paradoxais.

Se a relação com os textos clássicos (que resulta da definição de Gadamer) foi um traço cultural do século XIX e de grande parte do século XX, deveria ser óbvio seu contraste com outra definição de *clássico*, famosa até o século XVIII. O verbete "Clássico", na *Enciclopédia* de Diderot e d'Alembert, elaborada a partir de meados do século iluminista, elenca um cânone de textos desde a Antiguidade grega e sobretudo desde a Antiguidade latina que – sem nenhuma razão em particular – se consideram paradigmáticos em virtude da sua forma e manifesta sabedoria. Não me limitarei a repetir que a noção de cânone sai necessariamente enfraquecida pelo reconhecimento de que os fenômenos são suscetíveis de alteração ao longo do tempo e, em consequência, estão sujeitos à progressiva erosão de suas pretensões à valorização. O contraste entre a definição oitocentista de Gadamer e a da *Enciclopédia* revela também que, por volta de 1800, deverá ter ocorrido uma mudança em dois aspectos que tornou vazia e nula a tradicional definição sincrônica de "clássico". Conforme afirmei antes, desde Reinhart Koselleck que os acadêmicos na Alemanha tendem a associar as importantes mudanças nas décadas que antecederam e que se seguiram a 1800 com a metáfora do "período sela". Até para o próprio Koselleck, na emergência do historicismo vemos algo como o aparato do pensamento do período-sela – um período em que se acumularam e convergiram vários fenômenos de mudança por ele testemunhados.

3

Uma vez que defendi que a relação institucional com os clássicos que predominou até recentemente resulta do historicismo, analisarei de forma breve a emergência deste último no começo do século XIX, para que possamos perceber se o cronótopo historicista entrou em situação de crise no século XX, precipitando a mudança em nossa relação com os clássicos; e, se assim foi, por que isso aconteceu. A própria emergência de um cronótopo historicamente específico, que haveria de tornar-se de tal modo indiscutível e incontroverso que durante mais de um século foi considerado o próprio "tempo" e a própria "história", pode ser entendida como dependente da emergência de uma atitude mental historicamente específica: a observação de segunda ordem. Refiro-me, por "observador de segunda ordem", ao observador de Niklas Luhmann — um observador que, no ato de observar, a si mesmo se observa. Já que a consciência humana é sempre capaz da observação de segunda ordem, daquilo que podemos chamar de autorreflexão, devemos ressaltar que por volta do ano 1800 a observação de segunda ordem se tornara predominante num determinado grupo social. Isto significa que, desde então, os intelectuais (mais conhecidos pelo termo francês *philosophe*) não conseguiram evitar observar-se a si mesmos no ato de observar o mundo. O modo perspectivista de delinear nossa experiência foi uma consequência direta dessa inovação. É que um observador de segunda ordem descobre que a perspectiva da observação determina cada uma de suas experiências; e, como reconhece a infinidade de perspectivas possíveis, o observador de segunda ordem logo aprende que por cada objeto da experiência existe um potencial infinito de formas concebíveis. Segue-se um vertiginoso *horror vacui* epistemológico — abundantemente visível, por exemplo, na chamada "crise kantiana" do jovem Heinrich von Kleist: depois de ler algumas páginas da filosofia de Kant, o grande poeta da prosa alemã achou-se em depressão profunda por temer que, segundo o entendimento que tinha de Kant, os fenômenos do mundo deixassem de ter autoidentidade e realidade. Perante as formas potencialmente *infinitas* de experiência e representação por cada objeto de observação, como poderemos crer na existência de um objeto *definitivo* de experiência, idêntico a si mesmo?

Este problema viria a ter solução logo no começo do século XIX, no que veio a ser a fundação para a emergência do historicismo. A solução consistia em substituir a estrutura especular por um modo narrativo de representar o mundo e de organizar nossa experiência. Desde o início do século XIX, se você perguntar a alguém o que é a Suíça, a resposta será um relato da história da Suíça; aqueles que procuram compreender os fenômenos naturais são incentivados a estudar história evolucionista. E quando o jovem Hegel decidiu descrever a natureza do espírito, concebeu a sua "fenomenologia do espírito" enquanto história. Como poderia a adoção de um modo narrativo de organizar a nossa experiência e de representar o mundo preencher o *horror vacui* epistemológico desencadeado pelo perspectivismo? Precisamente porque as narrativas são capazes de absorver uma pluralidade de representações da experiência e de ligá-las umas nas outras.

O cronótopo historicista, dentro do qual nenhum fenômeno estava imune à mudança temporal, logo se desenvolveu sobre essa ideia fundacional e fez com que parecesse paradoxal o valor permanente dos clássicos, até então casualmente afirmado. Uma das façanhas da obra de Reinhart Koselleck foi a descrição e a historicização desse cronótopo, dentro do qual o passado parece ficar para trás com a passagem do tempo histórico, deitando por terra a sua capacidade de nos dar nossas coordenadas. No tempo historicista, o futuro surge como um horizonte aberto de possibilidades à disposição. Entre o passado – que se esfumou para sempre atrás do seu sucessor, o presente – e o futuro, cujo limiar está diante do novo degrau, o presente se encolhe até ser um "breve e imperceptível momento de transição" (na formulação de Charles Baudelaire em *O pintor da vida moderna*, em 1857). O presente enquanto mero momento de transição – enquanto lugar onde o sujeito escolhe dentre as possibilidades do futuro, com base na experiência do passado, adaptadas ao presente – tornou-se um dado adquirido para o sujeito cartesiano. Esse ato de escolha é a componente central da ação. Então, a natureza particular do presente no cronótopo historicista tornou-se fundação e condição prévia da ação.

Da minha experiência, o elemento mais controverso no meu pensamento (embora só raramente cause verdadeira controvérsia) é a afirmação de que o cronótopo historicista já não constitui a matriz de suposições que moldam o modo como vivenciamos a realidade, ainda que seu discurso se mantenha inalterado, mesmo até os nossos dias. Não há razões para considerar como sintomáticas do cronótopo de alteração rápida as inventivas trocas no final da década de 1970 e início dos anos 1980, entre os intelectuais que subitamente procuravam ser "pós-modernos" e os seus adversários, determinados a persistir no projeto modernista. Isso não significa que o novo cronótopo deveria ser considerado pós-moderno, ou que a facção pós-moderna podia cantar vitória. O que é significativo é que, no decorrer dessa discussão – que, em retrospectiva, nos parece excessivamente amarga –, mais precisamente no panfleto *A condição pós-moderna* de Jean-François Lyotard, uma das premissas centrais da mentalidade historicista foi dada como problemática e isso teve consequências duradouras. Acima de tudo, Lyotard procurou criticar a afirmação de que as "grandes" e totalizadoras metanarrativas históricas representam a verdade absoluta. Não será antes, pergunta Lyotard, que um número potencialmente infinito de narrativas históricas simultâneas suplanta as narrativas institucionais predominantes? Assim, desafiava-se o modo narrativo de representação enquanto solução para o problema do perspectivismo e enquanto base da mentalidade historicista, que foi rapidamente abandonado. Nas décadas que se seguiram até o nosso presente, foi estabelecido um novo — e ainda não nomeado — cronótopo como premissa para a nossa experiência da realidade, em substituição da mentalidade historicista. Ao invés de deixar constantemente para trás os nossos passados, no novo cronótopo somos inundados pelas memórias e pelos objetos do passado. O tempo já não desgasta o "poder direto" que os clássicos possuem "de falar conosco". Em vez de nos transportar para um largo horizonte de possibilidades, hoje o futuro aparece em muitos níveis como algo intimidante. E assim, entre o futuro ameaçador e o passado em que nos vemos emergidos, um presente sempre em expansão derivou daquele "imperceptivelmente breve momento de transição". Pelo menos, é possível que o recurso à noção de cânone possa reintegrar facilmente os clássicos enquanto componente dentro desta esfera pluralista de simultaneidade. Se for de fato verdade que o sujeito cartesiano se situava epistemologicamente dentro do presente estreito da mentalidade historicista, não é de estranhar, neste novo presente sempre em expansão, que busquemos alternativas mais matizadas de autorreferência humana para o "sujeito" cartesiano.

No nosso novo cronótopo, a inexorável dinâmica do movimento histórico perdeu força e, seja como for, a energia da procissão temporal foi, no entretanto, diminuída. Isto torna mais descontraídos nossos encontros com os clássicos, pois o seu poder de falar diretamente conosco deixou de estar ameaçado — nem é uma característica apenas desses clássicos. No novo cronótopo, os documentos do passado estão presentes numa verdadeiramente confusa variedade e requerem não tanto que sejam defendidos contra a amnésia, mas infiltrados. Ainda assim, hesitamos em seguir John de Salisbury, o pensador do século XII, para quem os pares contemporâneos, por mais que fossem meros "anões nos ombros de gigantes", poderiam inevitavelmente ver mais além do que seus mais eminentes antecessores — talvez porque os clássicos sejam agora tão imediatamente acessíveis a nós. Uma relação mais descontraída não se torna necessariamente mais produtiva, nem no nível intelectual, nem no nível estético.

No novo cronótopo, procuramos substituir o sujeito cartesiano tradicional e estamos, por isso, mais atentos à maior complexidade da existência humana do que o *cogito* sugeria. No novo cronótopo, diminuíram a autoridade e o poder hierárquico do Estado (e talvez não apenas o poder do Estado) — por oposição ao pesadelo do poder infinito que o Estado detinha e tão energicamente é descrito nos romances de meados do século XX, como *1984* ou *Admirável Mundo Novo*. Em nossa existência cotidiana, vivemos em redes lateralmente unidas, não em relações hierárquicas de dependência. A língua inglesa reagiu com uma tendência para substituir o termo *governo* por *governança*. Tudo isso pode ter tido origem num novo cronótopo, no qual um futuro inibido tornou mais desafiante a possibilidade de moldar *praticamente* o futuro — a possibilidade de uma política da prática. Ao mesmo tempo, a fraqueza do paradigma prático é bem mais evidente numa nostalgia pelo carisma e pela orientação, que deverá também ter efeitos no mundo da cultura.

4

Essas observações, ainda de algum modo experimentais, sobre as consequências do novo cronótopo, que hoje tão claramente se manifestam, tornam plausível e historicamente bem fundada a sugestão de que a nossa relação com os clássicos se alterou. Contra esse cenário de fundo, gostaria de colocar a questão mais estreita (e que, em sua estreiteza, é essencialmente empírica) de saber se uma alteração na nossa atitude diante dos clássicos se expressa em novas abordagens e atitudes com relação à leitura dos textos. Proporei algumas observações, a primeira das quais está relacionada com os modos de ler os clássicos. A minha geração cresceu com o compromisso intelectual de suspeitar dos clássicos, quaisquer fossem suas formas. Acreditava-se, em geral, que a admiração pelos clássicos seria, em todos os níveis, meramente uma prova da conformidade com as ideologias do mundo dessas obras, do nosso mundo. Queríamos nos tornar especialistas em subverter os clássicos. Esse preconceito, assim como a ambição que gerava, estão há muito ausentes quer da nova geração de jovens e muito competentes acadêmicos, quer da mais jovem geração de alunos, que aceitam o princípio básico de que ler os clássicos compensa, particularmente em relação ao presente. Tenta-se, então, um autoexame, com nova firmeza, para compreender onde poderão surgir essas compensações nos casos particulares. A esse nível, o interesse crescente entre tantos dos que assistiram minhas conferências sobre Kleist em Vitória da Conquista, o qual referi antes, foi tão típico quanto excêntrico; alterou de maneira irreversível meu entendimento sobre o atual estatuto dos clássicos. Estes ouvintes tiveram que adentrar Kleist pela primeira vez, para descobrirem quanto eram fascinados pelo seu desejo de morte. Na linha de Heidegger, praticaram uma "piedade de leitura" e foram, espero, bem recompensados.

Mas, acima de tudo, acredito que lemos hoje os clássicos de maneira menos política do que fazíamos há um quarto de século — e, em contrapartida, vivenciamos os textos, para usar um termo controverso, numa perspectiva *existencial*. Deixamos de relacionar as palavras, as imagens e as cenas dos textos clássicos com os problemas da "sociedade contemporânea", ou mesmo com os problemas da "própria humanidade". Em vez disso, relacionamos esses elementos com os múltiplos desafios e eventualidades que encontramos na vida individual: não com a *nossa própria* vida, mas antes os relacionamos com os desafios *típicos* da vida, próximos ao coração de muitos leitores. O fato de o tradicional "sujeito" cartesiano ter sido contestado enquanto modelo central de autorreferência humana torna ainda mais vivo o novo imperativo existencial. Tal mudança nas perspectivas dos leitores poderá explicar, em parte, a sedução e até mesmo a reabilitação acadêmica do gênero biográfico. Porque as biografias das figuras literárias não se limitam a tentar localizar as origens dos temas e das formas de seus textos. Uma pesquisa sobre a gênese dos temas e das formas pode ser virada de ponta-cabeça e se tornar mais um obstáculo para "aplicar" os textos (seguindo o uso de Gadamer). Um leitor que compreenda como surgiu o desejo de morrer de Kleist será capaz de descobrir mais relações entre esta dimensão dos textos de Kleist e outras questões específicas, e isso pode mudar a sua própria visão — e, para além disso, talvez até sugerir o começo de longos trilhos de argumentação e reflexão. A propósito, a mais importante justificativa para colecionar e reavaliar prefácios e posfácios, como tão energicamente se faz no arquivo Marbacher (o arquivo nacional alemão e museu nacional da literatura), é disponibilizá-los para tais aplicações existenciais.

É possível que o nível a que aplicamos os clássicos — alguns diriam o nível ontológico — está hoje sendo deslocado para um domínio existencial revelado e informado pela biografia. Podemos certamente não atribuir às *Cartas de despedida* de Kleist, ou às marcas deixadas na neve pelo juiz Adam, nenhuma capacidade de enriquecer a vida, promessa que meu professor de alemão costumava fazer no meu último ano de ensino elementar. Ou, menos paradoxalmente, talvez a "lógica hermenêutica de pergunta/resposta", elogiada de quando em vez, adquira o valor de novidade sobre o nosso novo modo de ler os clássicos. Fazer reviver as experiências intensas e aquilo que hoje nos fascina, mesmo na filologia, que subitamente se tornou, mais uma vez, fascinante. Em vez de fazer e responder perguntas concretas, nossa semiótica da filosofia estética se preocupa com as emoções do leitor; concentramo-nos de imediato nas dimensões como a "elegia", a "melancolia", a "tragédia", ou o "destino"; queremos chegar ao fundo da "dialética da emoção" — e aos sinais temporais da "precipitação" ou da "partida irreversível", familiarizados por Karl Heinz Bohrer. Mesmo os contrastes gritantes (para brincar uma última vez com Kleist) entre uma vida fracassada e os admiravelmente adoráveis artefatos que ela deixou como legado podem hoje se tornar fonte de provocação existencial e de consolo literário.

5

Colocando de lado o nosso modo alterado de ler os textos clássicos, esperaríamos que os corpos canônicos de textos estivessem mais prontamente instituídos e fossem mais evidentes no novo cronótopo do que eram sob o reinado da mentalidade historicista. Deveríamos concretizar esse potencial e construir — em circunstâncias muito específicas — um cânone nacional? No meu modo de ver, apesar de não estar dele particularmente convencido, nem com ele entusiasmado, provavelmente não. Provavelmente não porque os textos que hoje chamamos de clássicos certamente não conseguirão transmitir as fundações em que pensamos quando falamos — com ou sem sagacidade — de uma exigente familiaridade com uma cultura nacional em todos os membros da sociedade. Não é realista procurar em Fausto quaisquer meios de acesso à atual identidade alemã – e, infelizmente, conhecer esses textos não é particularmente útil para obter reconhecimento ou ascensão social (ao contrário do que acontece na Inglaterra, na França, e talvez nos Estados Unidos). Estou inclinado também a opor-me ao projeto de elaborar um cânone nacional, porque um foco assim, exclusivamente nacional, já deixou há muito de corresponder aos hábitos daquelas pessoas cultas que normalmente pura e simplesmente não leem. Ao olharmos para o mercado livreiro na Alemanha, identificamos uma ênfase em traduções ambiciosas de textos clássicos de outras literaturas, com longos comentários – só recentemente, surgiram novas edições do *Dom Quixote*, de Miguel de Cervantes, e de *O vermelho e o negro*, de Stendhal. Há alguns anos, uma nova edição em língua inglesa de *O homem sem qualidades*, de Robert Musil, lhe trouxe, pela primeira vez entre os leitores americanos, o reconhecimento como um dos grandes autores do século XX. Claro que esses exemplos e tendências não significam que possamos excluir os textos que hoje são considerados "clássicos" em certas culturas nacionais, nem que, com exceção de certas nostálgicas ilusões acadêmicas, o desenvolvimento de um cânone global seja realmente perceptível.

Não obstante tudo isso, existem diferenças nacionais distintas no cânone literário, que evidentemente persistiram quase incontroversas, apesar de os teóricos da literatura nunca terem se debruçado sobre isso – talvez não tenha, de fato, chamado a atenção deles. Não foi particularmente surpreendente – mas ainda assim eu, aluno de línguas românicas na Alemanha, me espantei – descobrir que formar um painel de debate com germanistas franceses sobre o tópico dos clássicos e do cânone exige esclarecimentos explícitos quase infinitos. Essas diferenças nacionais, que desde então vêm sendo desprezadas e das quais agora me ocupo, são, portanto, diferenças nas suposições e nas ênfases com que se lê, em diferentes culturas nacionais.

Até hoje, a autoridade prescritiva dos clássicos sobre a linguagem falada e escrita nunca foi tão incontestada quanto na França – me vêm à cabeça a *Académie Française* e a *Comédie Française* –, onde, por princípio, nunca se questionou a existência legítima de um cânone – ao contrário da Alemanha. Nenhum outro indivíduo foi tão amplamente canonizado em qualquer literatura nacional quanto William Shakespeare e a sua obra na esfera anglófona. A posição inigualada de Shakespeare também explica por que o "drama" ocupa uma posição tão importante no ensino da literatura e no conhecimento literário. É difícil imaginar que alguém possa terminar o ensino médio sem interpretar, em algum momento, um papel de Shakespeare, ou sem ler um de seus versos. Por outro lado, nenhum outro cânone nacional de clássicos está tão restritamente definido, tão incontroverso e tão cronologicamente distante quanto Dante, Boccaccio e Petrarca, as "três joias" da literatura italiana. É provável que isso se deva ao fato de que, até hoje, em nenhuma outra cultura o cânone literário e a linguagem moldada por seus autores se tornaram uma parte tão evidente da identidade nacional como na Itália. Se é possível falarmos de um cânone literário nacional no Japão, há dois gêneros teatrais fundamentais: o *nô* e o *kabuki*, que tiveram origem nos séculos XVII e XVIII. Porém, não são os autores das peças que exemplificam esse cânone, mas as grandes dinastias dramáticas, a cujos membros o Estado atribuiu o estatuto de "tesouros nacionais". Uma notável particularidade do cânone literário da Espanha é visível no estatuto atingido pelos protagonistas de seus textos, que rivalizam com os dos autores clássicos, na medida em que essas personagens principais ultrapassaram os seus criadores – e chegam mesmo a substituí-los. No centro da praça da Espanha, em Madri, a estátua que se ergue é a de Dom Quixote e Sancho Pança, não a de Miguel de Cervantes.

E qual é o tom definidor do cânone literário alemão? Sem querer, ele deixa se entrever na reflexão intensiva sobre os pressupostos e os valores que têm informado a leitura dos textos clássicos na cultura alemã durante mais de 250 anos, possivelmente devido às vicissitudes da história. Para os propósitos dos alemães, quase sempre foi difícil localizar e reclamar um caminho direto para os clássicos. Precisamente esta rara qualidade gerou, às vezes, a muito exagerada imparcialidade, tão popular entre os leitores não profissionais, que Marcel Reich-Ranicki expõe quando escreve sobre seus textos favoritos que são "clássicos". Mas a inclinação germânica para a reflexão intensa parece sobreviver a ele, e mais ainda parecem sobreviver-lhe as complexas alterações na nossa relação com os textos clássicos, que o novo cronótopo desencadeou.

6
Disponibilidade infinita
Da hipercomunicação (e da terceira idade)

Em toda a História desde o *Homo sapiens*, temos hoje as maiores oportunidades de comunicação. É a este fato elementar que me refiro com a palavra "hipercomunicação", e me abstenho de dizer se a hipercomunicação é uma coisa boa ou má. Bem, a frequência com que falamos com outras pessoas face a face, ou seja, em presença física mútua, provavelmente não aumentou – mas é provável que também não tenha diminuído de modo substancial nas últimas décadas. Se temos as maiores oportunidades de sempre comunicar, no sentido de conduzir interações baseadas no uso de linguagens naturais, então este aumento é claramente uma função de dispositivos técnicos cujos efeitos neutralizam as consequências do físico e às vezes também da distância temporal. O telefone e o correio eletrônico, o rádio, o gramofone e a televisão são canais desse tipo. Claro que existe uma diferença básica estrutural que divide, de um lado, o telefone e o correio eletrônico como mídias que permitem troca e impacto mútuo e, de outro lado, mídias mais "assimétricas", como o rádio, o gramofone e a televisão, nas quais só as pessoas no – irreversível – papel de receptor têm uma percepção daqueles indivíduos que iniciam a comunicação mesmo sem ter um retorno imediato.

Mas as ferramentas de comunicação eletrônica mais fascinantes são as que produzem a sensação física de uma interação à distância, mesmo que não exista mais do que um corpo envolvido. Com exceção dos espectadores que, particularmente no século XVIII, ficavam intrigados com aquelas "máquinas" de jogar xadrez, sabemos de fato que não está envolvido nenhum empregado do nosso banco ou da nossa transportadora aérea quando utilizamos, por exemplo, um caixa eletrônico ou quando fazemos *check-in* no aeroporto utilizando uma tela, nem somos enganados pelas vozes em geral femininas que conferem ao sistema de navegação do nosso carro uma presença espacial. E, no entanto, muitas vezes agimos – e gostamos de agir – como se houvesse de fato uma pessoa do outro lado. Quem é que, muito sinceramente, nunca xingou a senhora do sistema de navegação? E quem é que não ficou contente ou desanimado, em algum momento, pela linguagem educada, pela eficiência e talvez pelo *design* daquelas telas das linhas aéreas que ajudam a nos preparar para o próximo voo?

Então, a minha frase de abertura pressupõe que estejamos inclinados a abarcar no conceito de comunicação todos esses tipos diferentes de "interação" tecnicamente facilitada. Muitos deles, como o caixa eletrônico na esquina, o aparelho de *check-in* no aeroporto local, ou o programa no número de serviço de apoio ao cliente do seu Mastercard limitam-se a substituir antigas instituições e situações de interação face a face. Nunca são exatamente iguais às estruturas que as precederam, mas as diferenças entre a pessoa real (anteriormente) e a função eletrônica (hoje) estão obviamente destinadas a atingir um nível que evite confusões. Também considero ser esta a razão decepcionantemente banal por que todas estas novas variedades de comunicação tecno-permeáveis, no fim, não inspiraram teorias tão transformadoras e grandiosas quanto alguns de nós originalmente esperávamos (é só lembrar da excitação com que lemos, em outros tempos, Jean Baudrillard, Vilém Flusser, ou Paul Virilio). Evidentemente, estamos longe de controlar por completo, digamos, as tentações aditivas do correio eletrônico. Mas isto não é tão terrivelmente diferente de passar mais tempo do que se deve, há milênios, em conversas sem sentido, cara a cara.

Então, a inovação trazida por esses dispositivos não está em nenhuma particularidade específica por meio da qual eles copiam ou excedem a performance possível de um humano — está na sua ubiquidade. Sem dúvida, o número de caixas eletrônicos que hoje podemos usar, 24 horas por dia e sete dias por semana, bate o maior número de empregados bancários já contratados e pagos para fornecer dinheiro aos clientes. Com aquelas telas digitais, as companhias aéreas espalharão sua presença de boas-vindas de um modo mais abrangente pelo edifício do aeroporto do que quando estavam limitadas a um segmento de espaço coerente para *check--in*. Seja o que for que necessitemos, parece estar mais disponível do que nunca através da comunicação eletrônica. E, queiramos ou não, é verdade que nós, isto é, os que usam os caixas eletrônicos e as telas digitas, se tornam mais acessíveis.

Na universidade onde leciono, possuo o invejável privilégio de ter um pequeno escritório no meio da biblioteca, cujo ocupante (e sou eu o ocupante atual) deve supostamente permanecer anônimo. Além de outras coisas, e ao contrário do meu outro escritório no câmpus, onde observo estudantes e colegas, esperava-se que esse gabinete me protegesse, ou melhor, me mantivesse longe do caráter invasivo da comunicação eletrônica (e de qualquer outro tipo de comunicação que eu não escolha ativamente), como o espaço privado da minha casa, onde também não uso o correio eletrônico. Costumava tomar conta das centenas de mensagens de correio eletrônico que recebo no decurso de um dia normal de trabalho durante horas deliberadamente limitadas da manhã e do final do dia no meu escritório oficial do câmpus, enquanto o tempo no meu recanto na biblioteca e o tempo de trabalho em casa eram dedicados exclusivamente à leitura e à escrita. O que inocentemente não levei em consideração foi o estranho efeito de agência do meu *laptop* – o meu *laptop*, que pretendia usar exclusivamente como instrumento de escrita, algo como uma máquina de escrever eletrônica melhorada em suas funções. Um dia, para minha grande surpresa, a tela do *laptop* me informou que, graças a um melhoramento nos edifícios da biblioteca quanto aos espaços eletronicamente sensíveis, disponibilizava agora no meu gabinete da biblioteca todas as mensagens que eu pretendia reservar para o computador do meu outro escritório no câmpus, tornando-me assim também disponível para o mundo – muito contra a minha vontade. Do ponto de vista do meu trabalho pessoal e do meu bem-estar subjetivo, esta disponibilidade excessiva era mais uma forma de vulnerabilidade. Sei que a disponibilidade universal é geralmente considerada um efeito primordial e um valor incondicional da hipercomunicação eletrônica. Tem sido celebrada como valor democrático, mas é daqueles valores democráticos que Nietzsche associaria a uma situação de escravidão. Quem estiver eletronicamente disponível tem de quebrar todas as regras democráticas de delicadeza para evitar a adição ao correio eletrônico e a vitimização. É tido como rude – e, assim sendo, é difícil – não comunicar. Além disso, a disponibilidade anula todas as hierarquias e diferenças sociais. Basicamente, todos os dias recebo mensagens de alunos que dizem precisar falar comigo, que considerariam um grande favor e privilégio se eu marcasse uma reunião com eles – e depois continuam me dizendo as horas e os endereços eletrônicos em que estarão "disponíveis". Quão impossivelmente antiquado será se eu regularmente sentir que, neste tipo e nestas condições de interação, deveria ser exclusivamente privilégio meu estar ou não "disponível"?

I

No que diz respeito a todos esses *gadgets* eletrônicos, no que diz respeito à hipercomunicação como efeito deles, e até no que diz respeito às tentativas acadêmicas em voga de teorizar ambos, assumo uma posição semelhante à atitude dos monges, escribas e acadêmicos do século XV, que temiam, criticavam e chegavam até a rejeitar ativamente a imprensa escrita. Embora não acredite literalmente que os dispositivos de comunicação eletrônica sejam obra do diabo e que terão um efeito de deterioração generalizada da cultura no seu todo, cedo muitas vezes à tentação de os descrever como agentes e sintomas de decadência intelectual, e tento saber deles o menos possível. Aprendi, com orgulho, que a minha universidade não pode, por lei, me obrigar a mudar os computadores de escritório toda vez que nos é dada a oportunidade de fazê-lo – e entendo o choque por que passam alguns dos meus colegas quando se dão conta de que o tamanho da tela do meu computador está três gerações tecnológicas atrás do que eles consideram básico. Mas duvido que conseguissem me explicar de forma realmente convincente a razão de ser melhor ter uma tela muito grande.

Nunca acreditei naquela fé teológica segundo a qual fazemos invenções quando mais necessitamos delas. Claro que isso pode acontecer, ao acaso ou como resultado de um esforço intenso, mas é claramente exceção. Várias vezes – e talvez até mais frequentemente – os novos dispositivos técnicos ou as práticas culturais emergem independentemente das necessidades coletivas do seu entorno; e mesmo se, quando inventados, virão ou não a ser genericamente assimilados por uma sociedade, assentam não apenas sobre o seu valor prático, mas podem muito bem ser motivados, por exemplo, pela sua aparência estética. Não existia uma "necessidade" pragmática real de rádio e televisão, mas o rádio, de imediato, e a televisão, depois de um longo período de incubação, acabaram transformando profundamente não apenas a nossa esfera de lazer. Assim que tais inovações se institucionalizaram, a sua existência e presença se mostraram irreversíveis, e foi nesse sentido que Niklas Luhmann as chamou de conquistas evolutivas. Uma expressão de cariz tão otimista esconde o fato de que muitas das inovações às quais nos referimos acabaram colocando os seres humanos em situações de dependência e vitimização que reduzem drasticamente o seu alcance de agência e de eficiência. Ironicamente, algumas empresas do Vale do Silício foram as primeiras a perceber que tinham perdido bilhões de dólares, ano após ano e a um ritmo crescente, devido à adição que impedia os seus funcionários de trabalhar em frente a uma tela de computador sem verificar o correio eletrônico de tempos em tempos.

Seja como for, as chamadas conquistas evolucionárias vão se somando e através dessa soma produzem a impressão de uma trajetória que podemos interpretar, de um modo hegeliano, como "historicamente necessária". Nunca ninguém será capaz de provar ou refutar a necessidade histórica de um fato depois desse fato – e, no seio desse espaço indefinido de especulação desinibida, uma das hipóteses mais interessantes foi a do paleontólogo francês André Leroi Gourhan, quando disse que a civilização de núcleo tecnológico pode ter substituído a energia biológica (?) que costumava propulsionar a evolução das nossas espécies, e que isso aconteceu numa época em que a evolução biológica da humanidade está profundamente desacelerada e pode ter chegado mesmo a um impasse.

Neste ambiente técnico, cultural e intelectual, tudo aquilo por que tenho – muito modestamente – esperado durante os últimos dez anos (tenho agora 61)[1] é que certos objetos e situações com as quais cresci e, portanto, pertencem ao meu Ser-no-mundo não desapareçam sob a pressão das últimas conquistas evolucionárias. Estou também exercendo o direito (moral?) de estar isento da obrigação de acolher cada inovação tecnológica. Não necessariamente por ter razões profundas para a minha resistência contra tanta comunicação, mas porque suas formas e fenômenos simplesmente chegaram a mim demasiado tarde na vida, talvez por poucos anos, para conseguir assimilá-los de um modo confortável. Sei o ridículo que seria se fingisse estar tentando abrandar ou mesmo travar uma deriva histórica. Apenas desejo tolerância e cortesia quando dou palestras sem usar o PowerPoint, e quero ter a oportunidade de convencer os meus alunos de que talvez seja uma oportunidade para eles se eu não ceder à sua demanda habitual de "usar mais elementos visuais" nos meus cursos. O mundo deles, muito mais do que o meu, é um mundo cotidiano de imagens em movimento, e por isso a confrontação com esta diferença pode ser enriquecedora para ambas as partes. Talvez em algum momento acabe me convencendo de que o fosso entre o meu próprio estilo comu-

---

1 O autor, nascido em 1948, refere-se à idade que tinha quando da escrita inicial deste capítulo. (N.T.)

nicativo e o dos meus alunos aumentou a um grau seriamente problemático. Neste dia, precisarei mudar a minha abordagem de ensino – ou, mais provavelmente, aposentar-me. Mas recuso fazer o esforço de me adaptar laboriosamente a um ambiente com o qual não me sinto confortável e que me faz parecer inepto. Por exemplo, há demasiadas virtudes potenciais – e até valores democráticos – no ensino à distância para que alguma vez o combata. E, no entanto, sei bem que a universidade onde leciono terá desaparecido no dia em que não nos for mais permitido sentar à volta da mesa com os nossos (não numerosos) alunos. Também sei que não teria grande sucesso e não faria lá grande figura se tentasse tirar apontamentos, de uma palestra ou discussão, com um computador portátil nos meus joelhos. E também acredito ser este o caso para a maioria dos colegas da minha idade que afirmam, com pouca convicção, terem sido campeões dos primórdios da revolução eletrônica (recentemente vi um deles deixar cair o "portátil" dos joelhos três vezes durante uma hora de debate). O que mais temo quando uso tecnologias de comunicação com as quais não cresci é uma embaraçosa ausência de graça no meu comportamento. Em outras palavras: a razão mais forte da minha atitude antieletrônica é um julgamento estético antecipado sobre a minha pessoa.

2

Existe um repertório completo com figuras e configurações que são emblemáticas de um mundo que preencheu suas zonas vazias com oportunidades facilitadas pela tecnologia para comunicar e, de algum modo, essas figuras e configurações surgem, a meu ver, estranhamente como emblemas de solidão e isolamento. A mais saliente entre elas é a do caminhante solitário que, à primeira vista, parece falar sozinho, frequentemente com grande ênfase, particular expressividade de gestos e também num tom muito alto, parecendo encaixar perfeitamente numa das imagens tradicionais de loucos "que falam consigo mesmos". Como todos sabem, neste caso o problema está nos olhos de quem contempla. Assim que descobrimos, à volta do pescoço da pessoa ou atrás de sua orelha, os sinais de um aparelho de comunicação eletrônica, ela passa de misteriosa figura pateta para alguém que tem o privilégio de passar tempo com os que ama, por exemplo, a caminho do trabalho. Agora assumamos que o ser amado, no caso específico da caminhante-falante solitária que estamos observando, é o seu amante. Neste caso é muito provável que usem a comunicação eletrônica durante o seu dia de trabalho para aludir a momentos de intensidade erótica que recordam da noite anterior e que anseiam no futuro. Tal intercâmbio captará a sua excitação específica ao estabelecer uma bolha de privacidade estática, rodeada de perto pelas mais formais e às vezes mais públicas relações de negócios. Ainda lembro o final de tarde em que, regressando à minha casa, a estrada estava bloqueada pelos livros e mobília que a mulher de um colega tinha atirado pela janela depois de ler a mensagem eletrônica que nesse dia ele dirigira às suas duas amantes (que não sabiam uma da outra: uma estudante de graduação e a outra uma colega sênior) – mensagem que ele, por confusão, enviara à sua esposa e ao diretor da universidade. Pondo de lado as possíveis interpretações freudianas, por exemplo, a de um "desejo inconsciente de confissão" revelado em tal incidente, penso que são os perigos da contiguidade que fornecem um contexto de carga erótica à solidão da comunicação eletrônica.

Em contrapartida, nada é menos erótico do que aquelas mensagens eletrônicas e chamadas telefônicas para a esposa ou familiares, que mais da metade dos passageiros de um voo normal sente a irreprimível vontade de fazer no primeiro momento – logo depois da aterrissagem – em que é permitido. Essa reação não é diferente da dos fumantes que agarram o seu maço de cigarros assim que chegam a um dos poucos espaços que restam no mundo onde o fumo do cigarro não é proibido: os dois casos são sintomas de adição. Ninguém à nossa espera no aeroporto precisa saber que o nosso avião aterrizou, dado que na zona de espera existe uma multiplicidade de telas que fornecem precisamente essa informação. Tampouco precisam saber, dez minutos mais tarde, que ainda estamos à espera da mala na esteira de bagagens e que, quatro minutos depois, estão no nosso campo de visão. Quando o passageiro recém-chegado abraça a esposa, é possível sentir que já tinha chegado "demasiado", que o seu corpo, agora acrescentado à já presente mente e voz, não tem lugar existencial.

Ser um meio incorpóreo e ilimitado, e, portanto, nunca se tornar um fardo ecológico, confere uma aura de correção política à comunicação eletrônica, pelo menos na percepção daqueles que a usam de modo agressivo – e isto é certamente um extra, mesmo sobre a sempre louvada "conveniência" dos aparelhos eletrônicos. Quando pedimos cópias em papel enviadas por correio aéreo ou por correio expresso, porque os nossos olhos sofrem ao ler longos textos numa tela, ou porque queremos renunciar à provação de imprimir manuscritos sem fim, é frequente nos depararmos com a ameaça de uma recusa que atribui a si mesma a aura triunfante da responsabilidade ecológica. Quem seria tão corajoso e egoísta a ponto de se preocupar mais com a visão que lhe resta do que com as árvores que ainda existem? Por fim, há esta outra aura, a aura suprema, produzida pela linha perto do final de algumas mensagens eletrônicas: "Enviado do meu Blackberry". O *design* aristocrático deste aparelho, o tom transportado pelas quatro palavras citadas, o conhecimento de que o Blackberry do presidente Barack Obama é a parte corporal que lhe dá credibilidade enquanto contemporâneo e até futurista, estes e outros fatores podem juntar-se na produção de um efeito de hierarquia na comunicação com utilizadores do Blackberry. Serão porventura eles os eleitos que nos informam estar graciosamente disponíveis — mas que não devemos nos aproveitar dessa disponibilidade? Sempre que recebo uma mensagem dizendo: "Enviado do Blackberry de — alguém", sinto que estou na parte inferior de uma mensagem régia e que, em vez de responder, devo aguardar mensagens subsequentes — ou até ordens.

3

Tenho muito mais oportunidades de me comunicar do que antes, e, se eu conseguisse me controlar, essas oportunidades poderiam ser uma bênção, pois me disponibilizam num instante uma imensa quantidade de seres humanos cujos segmentos de vida se sobrepõem à minha, dentre os quais há muitos por quem ativamente me interesso, como dois dos meus quatro filhos, que vivem na Europa, e a minha única neta. De que me queixo, exceto do estatuto de vítima que me faz estar tão terrivelmente disponível? A minha resposta é que a hipercomunicação corrói aqueles contornos que costumavam dar forma, drama e sabor aos meus dias. Eis um exemplo. Nos tempos atuais, sempre que aceito dar uma palestra razoavelmente bem paga (em que "razoavelmente bem paga" significa que os organizadores, seja em que base for, lhe atribuem certa importância), me pedem antecipadamente que forneça um título e um sumário, de extensão razoável, que permita a sua divulgação (majoritariamente eletrônica). Quase ao mesmo tempo, alguém me exigirá a disponibilização de um manuscrito da palestra para aqueles que, por qualquer motivo, não possam estar presentes. No mais tardar no dia da palestra, alguém quererá que eu assine um formulário, dando o meu consentimento à produção de uma gravação. Tudo isso é em parte lisonjeiro (sentimo-nos "procurados") e em parte dá origem a uma pilha de nervos (sobretudo para aqueles que, nas palestras, recorre a escassas notas manuscritas, isto é, notas que são normalmente o resultado muito condensado de um longo processo reflexivo). Mas essas intervenções tendem, como um todo, a limar os contornos e as complicadas transições que na era pré-eletrônica costumavam conferir às palestras um caráter de evento específico. Quem assiste a uma palestra, segundo o novo ideal, deveria fazê-lo relendo ou ouvindo de novo um texto já conhecido; e quem escolhe não assistir deveria definitivamente não perder a oportunidade de ler ou de ouvir a palestra numa data posterior. Ao estarmos tão ansiosos por disponibilizar universalmente a nossa consciência, acabamos espalhando pouco da nossa presença física: já nada é absolutamente novo e nada está irreversivelmente terminado.

Se a hipercomunicação nivela a excitação originária da descontinuidade implícita em qualquer começo, também alivia a dor ou a tragédia do rompimento e da separação. A sua namorada pode estar a mil (ou a 10 mil) quilômetros de distância, mas, em oposição aos meus tempos de jovem, quando o telefone era não só muito caro como pouco confiável, existe a privacidade consoladora do Facebook (se é que produz "privacidade", tenho de perguntar, uma vez que nunca acessei o Facebook). O preço a pagar por este efeito paliativo é que as nossas ideias, a nossa imaginação e os nossos sonhos cotidianos estão cada vez menos no mesmo lugar que o nosso corpo. Vemos pessoas que se encontram para jantar em lugares fabulosos às sextas-feiras à noite, para serem distraídos, assim que se sentam, por um toque ou por uma mensagem de texto no celular. E quando chegarem ao encontro que estão agendando neste momento, a sua mente estará mais uma vez adiantada em relação ao seu corpo.

Juntamente com os contornos da eventualidade e os contrastes existenciais entre presença e ausência, privado e público, com tantos *websites* justapostos na rede também podemos perder a noção do que interessa e do que não interessa. É claro que alguns *sites* recebem muito mais "visitas" que outros – mas há muito que desapareceu a esperança de que os *sites* eletrônicos de todos os tipos algum dia possam fornecer a intensidade física e intelectual de uma discussão em copresença física. Alguém já assistiu a um debate verdadeiramente bom em formato eletrônico, um debate em que a resistência argumentativa mútua se transforma em inspiração mútua e em novas ideias? Se por um lado é difícil explicar por que as discussões electrônicas, na melhor das hipóteses, produzem mediocridade espiritual, todos nós sabemos que é isso que acontece – de alguma maneira, inevitavelmente. Mesmo no *website* do meu melhor amigo só posso estar sozinho, e o que eu possa sentir ali como sugestão de proximidade nunca transcenderá a proximidade de um turista, ou mesmo de um *voyeur*. Haverá algo mais patético do que essas dezenas de milhares (temo que sejam centenas de milhares) de blogues que estão sendo escritos com tanta importância umbilical – e que permanecerão sem leitura para sempre (e por boas razões, devo acrescentar)? Na rede, eliminar o risco de apanhar uma gripe é balanceado, pelo menos a meu ver, pela perda da oportunidade de ser levado às lágrimas – para não mencionar os sentidos do toque, do paladar e do olfato, que devem permanecer inalterados.

4

Mas o que quero, afinal; qual é o meu ideal – prático? Um forte desejo que tenho é o da continuidade daquele "grupo de leitura filosófica" no qual – cerca de trinta docentes e estudantes – nos encontramos em Stanford todas as quintas-feiras à noite por umas boas duas ou três horas, com o objetivo de discutir, em pequenos segmentos, um único livro filosófico (sobretudo clássicos), ao longo de dez semanas. Independentemente de o texto escolhido para um determinado semestre estar mais ou menos próximo da minha agenda de trabalho, a energia daquele grupo de leitura tornou-se a minha linha de vida intelectual. Mas não restam dúvidas de que, apesar de toda a sua intensidade, o nosso grupo de leitura filosófica perdeu nos últimos anos participantes importantes para um sempre crescente número de *workshops* cuja emergência do gesto eletrônico de justaposição parece incentivar.

Tenho também uma memória muito mais irrealista, romântica e arcaica de um momento que adorei, uma memória que me torna obcecado, uma recordação de um mundo que nunca me pertenceu e que agora tem de desaparecer para sempre. Há cerca de quinze anos um antigo aluno me levou a uma pequena cidade no Louisiana chamada New Iberia, com o propósito de visitar uma antiga plantação que se vangloriava por ser "a casa do primeiro par de calça jeans". Quando voltávamos para o carro, creio, passamos por um riacho onde dois homens negros muito velhos estavam olhando para a água. Após alguns minutos, um deles se virou para nós e explicou muito delicadamente, num francês cuja sonoridade remontava aos finais do século XVII, que os jacarés de até 90 centímetros de comprimento eram muito saborosos e tenros, e que a carne dos jacarés de 1,20 metros de comprimento era rija e impossível de comer. Cinco ou seis anos mais tarde, regressei à linda New Iberia com a minha família. Pela segunda vez na minha vida, vi o primeiro par de calça jeans e mais uma vez caminhei ao longo do riacho onde, juro, voltei a ver aqueles dois homens negros muito velhos, e que, não tendo envelhecido, nos disseram exatamente com as mesmas palavras o que achavam que eu e a minha família deveríamos saber sobre as qualidades gastronômicas dos jacarés de três e quatro pés de comprimento. Nenhum evento em toda a minha vida teve contornos mais claros, nenhuma experiência está mais presente na minha memória do que aquela comunicação dupla com dois negros muito velhos, em New Iberia, Louisiana.

5

Não temos como não "ter" um corpo que usamos ocasionalmente e cujos efeitos com frequência apagamos – mas estamos rapidamente perdendo a capacidade de "ser" um corpo, ou seja, a capacidade de deixar o corpo ser uma condição ampliadora da nossa existência. Em contrapartida, nada é mais cartesiano, no sentido da liberdade corporal, do que todos os tipos diferentes de comunicação eletrônica, nada é mais disfarçadamente conectável com a nossa consciência do que eles, e nada está mais afastado da dimensão do espaço. Esta é a razão por que a hipercomunicação baseada na eletrônica traz à sua insuperável realização o processo de modernidade, como processo em que o sujeito humano enquanto pura consciência se emancipou e triunfou sobre o corpo humano e outros tipos de resistência. Não que existisse muito a conquistar, a nível de consciência, pelo menos na corrente principal da cultura ocidental antes ser inventado o primeiro *chip* e antes de serem vendidos os primeiros computadores pessoais. Mas, para ficar perfeito e acima de tudo irreversível, o princípio democraticamente escravagista de disponibilidade universal necessitou da redução da existência humana através da tela do computador. Uma vez que nesta dimensão os contornos, as descontinuidades e as fronteiras tendem a desaparecer, passamos agora a maior parte de nossa vida na mesma posição invariável, isto é, em frente da eterna tela de computador. Estamos na frente dela quando cumprimos nossos deveres profissionais, quando nos comunicamos com aqueles que amamos e, acima de tudo, sempre que paira a ameaça da solidão. E isto porque trocamos a dor da solidão causada pela ausência física pela eterna meia-solidão daqueles que estão infinitamente disponíveis.

Tudo se funde; tudo é "fusão". Mas, apesar de toda a conversa sobre o tema, não consigo identificar nenhuma "realidade misturada" que mereça este nome. Pode ser tudo culpa minha, isto é, consequência da minha deliberada antiguidade na insistência de que uma percepção sensorial sempre estará separada de um conceito ou de um pensamento. O que parece novidade é que, na maioria das vezes, não nos focalizamos em nenhum lado deste espectro, o que deve ser o motivo de nosso novo orgulho se fundamentar no tipo particular de alerta necessário para gerir uma existência de simultaneidades complexas. Enquanto escrevia este texto, ia verificando a chegada de novas mensagens eletrônicas e, estando em meados de julho, também consultava quem ganhara a etapa do dia do Tour de France (tinha sido, para meu descontentamento americano, o espanhol Alberto Contador). Esta situação predominante das realidades humanas nos primórdios do século XXI converge com a impressão de que o presente "imperceptivelmente breve" da construção historicista do tempo, ou seja, a construção do tempo que emergiu no início do século XIX e que veio a tornar-se tão dominante que tendemos a confundi-la com o próprio tempo em si, que o imperceptivelmente breve presente característico do cronótopo historicista foi agora substituído por um presente, sempre em expansão, de simultaneidades. No atual presente eletrônico, não há nada "do passado" que tenhamos de deixar para trás, nem nada "do futuro" que não possa ser tornado presente por antecipação simulada.

Alguns dos mais velhos dentre nós sentem que isso é simplesmente demasiado — e que, ao mesmo tempo, não há presença suficiente. Se o processo de modernidade tem sido, em larga medida, um processo de desencantamento, escrevemos agora, em nossos revolucionários estandartes, Reencantamento Racional. Mas estou perfeitamente ciente de que esta não é senão mais uma revolução dos Panteras Cinzentas.

No amplo presente

Os modos como os horizontes do futuro e do passado são vivenciados e se relacionam com um presente cada vez mais amplo dão forma ao cronótopo ainda não nomeado em que decorre a vida globalizada no começo do século XXI. "Do lado de fora", a forma desse novo cronótopo torna-o diferente de outros cronótopos, especialmente do da "consciência histórica". "Do lado de dentro", essa forma dita as condições nas quais o comportamento humano encontra suas estruturas e experiências constitutivas. Para ser historicamente rigoroso, a visão segue a intuição de Edmund Husserl, de que "o tempo é a forma da experiência". Os contornos da vida no presente (que fundamentalmente difere do "tempo histórico") mal começaram a ser esboçados, de todo, a partir de uma perspectiva que não se centra em fenômenos individuais. Não posso de modo algum afirmar tê-lo feito aqui de modo completo — ou sequer elegantemente. Meu propósito é mais modesto. Nas páginas que se seguem reunirei algumas observações a partir dos seis capítulos deste livro; talvez daqui resulte um primeiro olhar, ou algumas especulações iniciais, sobre a vida no novo presente.

A descrição fragmentária do nosso amplo presente consiste em quatro oscilações, que certamente – vale a pena repeti-lo – não sem nem exaustivas nem sinónimas com a sua totalidade. Considero que a oscilação é um movimento constitutivo do presente; por isso, acredito que ajude à nossa compreensão reter essa figura do pensamento, para o caso de um dia podermos completar o projeto de descrever o conjunto do amplo presente. A polaridade dramática entre, por um lado, o cotidiano e, por outro, a insistência crescente – mesmo se largamente reativa – nas exigências da presença dá forma ao nosso presente. Esta polaridade cria o campo de força em que hoje se desenrola a nossa vida. Os opostos que a compõem não podem ser "mediados" nem "resolvidos" – o que significaria a "síntese" da reflexividade-à-distância com a intensidade participatória?

Acredito que a "oscilação" é fulcral, pois em cada momento só é possível nos ocuparmos de um dos dois lados num campo. De um momento para o outro, existe a liberdade absoluta de mudar de posição, e é impossível esquecer o outro polo, ou mesmo resistir ao seu apelo. Isto pode explicar, pelo menos em parte, a mobilização que caracteriza o presente, que ameaça nos esmagar e que, em geral, força a linearidade de nossos projetos e ações a ganhar a ineficaz forma da circularidade. Por fim, vale a pena enfatizar mais uma vez que a liberdade de seguir os impulsos de movimento em diferentes direções, que, de fato, nos apraz, não traz consigo a liberdade de selecionar a nosso bel-prazer os objetos de atenção – nem nos assegura levar os projetos a bom termo. O amplo presente sempre nos dirige para determinados objetos; isso não significa, pelo menos não em princípio, que não estejamos genuinamente interessados neles, ou que não nos entusiasmem.

Para começar – e eis aqui a primeira das quatro oscilações que discutirei –, o amplo presente nos aponta (agora talvez mais do que nunca na história da humanidade) para o planeta Terra, o lugar da condição da nossa sobrevivência individual e coletiva. Uma referência necessária ao planeta não é mais apenas a consequência do tom sério que rapidamente se espalhou na segunda metade do século XX, quando os projetos de "conquista do espaço" deixaram de levantar voo. Desde então, aceitou-se que as condições favoráveis à vida no planeta não são duradouras. Consequentemente, desenvolveu-se um novo — por assim dizer, microscópico — desvio em direção às coisas-do-mundo e ao cuidado delas, como tarefa quer científica e política, mas igualmente como um conjunto de hábitos cada vez mais intensos na existência cotidiana.

Contrária a essa necessidade e entusiasmo pela proximidade em relação às coisas existe um ceticismo filosófico não revisto que, após uma pré-história que durou séculos, encontrou sua expressão intelectual canônica na chamada viragem linguística. As observações que fazemos só possuem certeza nas linguagens que usamos (e, poderíamos acrescentar, na introspecção que a consciência permite). Portanto, seguindo o raciocínio, o "conhecimento" partilhado dos objetos externos à linguagem e à consciência está sempre sob suspeita de ser mera "construção social da realidade", o que sugere que é sempre impossível chegar ao que é "realmente real". O potencial dramático contido no primeiro ponto da oscilação fica claro se virmos nessa posição filosófica (que, em termos das consequências que acarreta para a nossa vida, é, em si, suficientemente inofensiva) um paralelo com a fusão dos mercados "reais" e "financeiros", em que a maioria dos especialistas considera ser a raiz da crise financeira que assolou o mundo desde 2008 — isto é, se identificarmos um paralelo entre um estilo filosófico que sopesa apenas a linguagem e a consciência, de um lado, e os câmbios e a especulação em "derivativos", do outro. As crises económicas de longo alcance impõem o atraso de medidas e de intervenções ecológicas e políticas — o que tem consequências para a sustentabilidade do planeta e que podem se mostrar irreversíveis. Não está ao dispor nenhuma alternativa óbvia, uma vez que nem os especialistas sabem como uma nova economia poderia ser iniciada sem que rapidamente se regressasse a esse tipo de especulação.

A segunda oscilação envolve a dimensão corpórea de nossa existência. Num ambiente laboral cotidiano em que cada vez mais profissões se estabelecem em frente a uma tela de computador, o nosso corpo se tornou obsoleto em muitos aspectos funcionais. Porém, ao mesmo tempo os discursos da crítica cultural reclamaram direitos corpóreos definitivos, e o novo e amplo presente também lhes concede uma posição de relevância epistemológica. Um dos aspectos do segundo ponto de oscilação tem a ver com uma tendência, principalmente detectada nas sociedades europeias, de atribuir inteiramente ao Estado a responsabilidade pelos corpos individuais e o domínio sobre eles. As expectativas em relação aos cuidados organizados e financiados pelo Estado para os doentes e os mais velhos não conhecem limites, literalmente. (É impossível convencer os intelectuais europeus de que pode haver quem, contra seus próprios interesses económicos, não quer deixar os seus cuidados de saúde nas mãos do Estado.) Dados o pacifismo de fato e as largamente difundidas iniciativas de protesto civil, é notável que haja tão pouca resistência ao serviço militar obrigatório (que, na maioria dos contextos nacionais, evidentemente serve o objetivo de diminuir o desemprego jovem). Mas talvez o mais surpreendente de tudo seja o fato de nos sistemas jurídicos do Ocidente ainda se considerar o suicídio como uma violação da lei. É muito claro que o corpo e a vida não estão à disposição do sujeito individual.

No outro extremo do segundo campo da oscilação — e aqui as exigências são mais radicais do que nunca — assume-se que o corpo individual, enquanto objeto de jogo e de experimentação, está livremente ao dispor do indivíduo — e que está muito bem do jeito que está. Acreditamos que os limites à sexualidade legítima deveriam ser determinados apenas pela tolerância e pelo consentimento dos adultos envolvidos. Explicitamente em contramão aos códigos jurídicos relativos ao suicídio, hoje em dia não se permite ao Estado restringir os elevados níveis de risco colocados por certos tipos de esportes (montanhismo, por exemplo). É um dado adquirido que, na vida de cada um, deve ser preservada a liberdade de pôr fim a relações sexuais, associação com comunidades religiosas e atividades profissionais — e que as posições abandonadas possam ser substituídas, em qualquer momento, e de acordo com a vontade de cada indivíduo, por acordos de transição. No amplo presente, nossa vida se dissolve, como Peter Sloterdijk foi o primeiro a reconhecer, em exercícios cada vez mais práticos.

Depois da oscilação — na verdade, do salto — entre o desejo de vida coletiva no nosso planeta e o desaparecimento gradual da concretude da vida (que vez ou outra parece fazer debilitar o primeiro), e depois da segunda oscilação, que ocorre sempre que entregamos nas mãos do Estado o cuidado do nosso corpo, mesmo que, simultaneamente, reclamamos agressivamente que o possuímos como se fosse um brinquedo, surge a terceira das quatro oscilações que caracterizam a vida no nosso amplo presente. Este campo de forças começa também, pelo menos em parte, com o lado físico da existência humana. Tem a ver com uma flutuação marcada que decorre quando se lida com o poder. Aqui, entendo "poder" como violência que passou da esfera da ação e do efeito imediatos para o reino do potencial bruto. A "violência" tem a ver com os corpos humanos que, ao bloquear ou ocupar espaço, resistem a outros corpos. Parte do processo de modernização – haverá quem afirme que é parte de todos os processos históricos que mereçam ser chamados de processos civilizacionais – consiste em seguir o mandamento generalizado de que a imediatez da violência seja transformada em poder, que existe em reserva.

Desde meados do século XX, tornou-se prática comum no mundo ocidental a não exibição de armas em público. Desde que o comunismo de Estados ruiu na Europa Oriental, em 1989, os desfiles militares raramente ocorrem no plano internacional. Para os intelectuais e para muitas organizações internacionais, a pena de morte passou a ser sintoma de barbárie, e a cada dia se torna mais urgente a questão de saber – talvez exceto em casos extremos de autodefesa – se é possível identificar situações em que o uso da força militar se justifica. O ponto máximo da eliminação progressiva da força militar como instrumento político talvez tenha sido representado pela proposta, feita no começo de 2010 por políticos alemães, de não combater os Talibã com forças militares, mas oferecer, em vez disso, 30 mil euros aos seus partidários que renunciassem suas convicções ideológicas.

Porém, nesse mesmo presente, e num grau ainda mais acentuado, as pessoas exercem violência sobre o próprio corpo, desnecessariamente e sem uma motivação prática e óbvia. Parte – ou talvez o núcleo – da "mobilização geral" que já foi debatida aqui é a obrigação geral e impessoal de estar sempre em excelente "forma" física. Esta exigência não olha as diferenças de idade, e, em consequência, o prolongamento indefinido da juventude se tornou um objetivo universal. A cirurgia plástica é um negócio que prospera nos nossos tempos – e as operações são a expressão mais benigna na nova autorreflexividade física. Logo na adolescência se vivencia com tal intensidade a pressão para adaptar o corpo às imagens ideais, que, especialmente entre as jovens, chega a se transformar em distúrbios alimentares variados – ou seja, em violência a longo prazo sobre o próprio corpo. Além disso existem os *piercings*, tatuagens, mutilações autoinfligidas e, por fim, ondas de suicídio; aqueles que são "vítimas de si mesmo" muitas vezes associam (na medida em que ainda sejam capazes de falar) essas atividades ao desejo de afirmar a presença do próprio corpo através da dor.

Tais formas de comportamento, acredito, não pertencem aos *micropouvoirs* – isto é, às operações de poder conduzidas pelo eu – que Michel Foucault muito discutiu, principalmente no final de sua obra. Foucault se referia a uma figura estruturalmente semelhante de autorreflexão: a internalização de valores socialmente estabelecidos a que cada pessoa adapta a sua conduta individual e "própria". Porém, uma vez que não se manifesta de fato violência física, só é possível falar de uma função de poder autorreflexiva. Essas formas de comportamento, que vivamente contrastam com a eliminação da violência da sociedade e da política, e que não são conciliáveis com ela, são casos em que o poder é exercido sobre o eu – nenhuma autoridade está por detrás das atividades que ocorrem em seu nome. Se a mídia eletrônica faz surgir uma obrigação autoescravizante "de estar disponível", que nos transformou num povo de súditos sem amos, então a violência autorreflexiva representa uma espécie de intensificação dramática perante a qual estamos desamparados. Quanto mais esta situação se torna para nós autoevidente e urgente, mais importante parece ser para a nossa sobrevivência que demos o salto para dentro dos sonhos e da ilusões do mundo como lugar sem violência nem poder.

A quarta e última oscilação do nosso amplo presente que gostaria de trazer à discussão tem a ver com o modo como pensamos.

Através da sua tendência para eliminar o espaço da comunicação, a mídia eletrônica aumentou consideravelmente o andamento com que se concretiza a circulação do pensamento. Uma vez que num amplo presente com um futuro obstruído não há lugar para o pensamento que funda a ação humana através da fixação de objetivos, pensar pode ter se tornado, hoje mais do que nunca, sinônimo de circular — isto é, um processo de mera passagem de pensamentos. (Precisamente por essa razão, alguns de nós vivenciamos a "criatividade" como capacidade de interceptá-los.) Em vez de conceber projetos ou "edifícios" de pensamento, nosso papel no sistema da circulação-do-saber se assemelha à função do atleta que joga "futebol de um toque". No lugar de tentar reter a bola até fazer um passe ou um lance decisivo, espera-se que os jogadores chutem a bola para um colega de time que se movimenta livremente numa posição descoberta. Espera-se que a bola circule sem interrupção, sem se deter mesmo que por breves pausas de repouso. Assim como os jogadores principais, também os "grandes pensadores" parecem desaparecer nessas condições.

Na outra face deste quarto campo de oscilação polar, precisamente o pensamento, como práxis e dimensão da existência, tem sido considerado como modo de criar distância em relação à aceleração existencial alimentada pela "mobilização geral" — de fato, numa dada medida, oferece mesmo certo potencial de resistência.

Hoje em dia, a equação de "pensar" e "distinção" nas obras de Aristóteles tem sido alvo de atenção renovada, na medida em que esta última é entendida não em termos da diferença entre conceitos, mas como uma intervenção que ocorre entre as coisas-do--mundo. Nas décadas mais recentes, nenhum filósofo viu essa questão com maior entusiasmo do que Jean-François Lyotard. Demorar o seu tempo, sozinho ou em grupo, para pensar uma dada matéria, sem objetivos práticos, representava para ele a possibilidade última de ação "revolucionária" ainda ao dispor dos intelectuais (seja o que for que para ele estivesse em causa sob o título de *revolutionary*, que costumava ser emblema de honra).

Para mim, ainda mais importantes são as especulações de Lyotard sobre os modos de pensamento específicos a cada sexo, que estão impregnadas por experiências particulares de incorporação e função física – por exemplo, a sua intuição de que a intensidade específica do pensamento feminino pode estar relacionada com a intensidade específica do sofrimento físico. Claro que a questão não é retomar as suposições do grande pensador que nos deixou em 1998. Pensar é um ponto de referência na oscilação que caracteriza o nosso amplo presente, pois em pensamento podemos saltar da sensação de aceleração e complexidade que nos oprime para um enclave desacelerado de calma.

Quanto mais, quanto mais frequentemente – e talvez quanto mais voluntariamente – me deixei ceder nos últimos anos à tentação de insistir na presença e de, ao fazê-lo, descrever e analisar os fenômenos individuais do nosso presente, mais me deparei com uma reação – que em pouco tempo se transformou em objeção – de que o pessimismo quase agressivo dos meus diagnósticos está em conflito com o tom muito mais otimista (de qualquer maneira, amigável) que subjaz ao que digo. De minha parte, consigo ver, tanto no que escrevi quanto na minha vida, um pessimismo crescente combinado com um "otimismo" ocasional – mas não vejo contradição entre eles.

São óbvias as condições sociais e, por assim dizer, cósmicas desse pessimismo – com todos os efeitos que têm. Formam a matéria dos capítulos deste livro (sem, por isso, fazerem parte de um programa que *soasse* pessimista). Não faz muito tempo que um pensamento complicado, tão simples quanto aterrador, assombrava este cenário, e ainda não me abandonou. Ocorreu-me pela primeira vez enquanto lia a *Carta sobre o Humanismo*, que Martin Heidegger escreveu logo após o fim da Segunda Guerra Mundial. Fica mais claro se formulado como pergunta retórica: Como poderão algum dia os seres humanos assumir com algum grau de certeza que as suas capacidades cognitivas e intelectuais sejam o bastante para assegurar a continuidade de sua existência enquanto espécie? A maioria das culturas da história viveu sob a premissa existencial de que há uma simetria cognitiva – ou mesmo uma harmonia – entre o "homem", que é produto do desenvolvimento, e o universo que forma o seu entorno (e que ele se esforça por entender). O conhecimento que as ciências da natureza nos têm permitido nas últimas décadas nos dão pouca coragem para persistir nessa crença. Mas mesmo se existisse uma situação melhor com relação à inteligência humana, e mesmo se o futuro ecológico enfrentasse perspectivas menos dramáticas, enquanto espécie e enquanto comunidade que partilha do mesmo destino cósmico, não poderíamos avançar com certezas. No entanto, isso é pouco mais do que um reafirmar dos radicais argumentos dos "verdes", algo que ninguém precisa ouvir outra vez.

Há pouco tempo, o meu filho mais velho, piloto na Força Aérea Alemã, falava com extraordinária naturalidade profissional sobre uma guerra mundial dos recursos. Certamente não me atingirá, possivelmente nem a ele. Mas sua filha – minha neta Clara – não escaparia. A última parte do que me disse causou em mim grande impacto – "tocou-me bem fundo", como se costuma dizer, e de um jeito mais profundo do que conseguiriam as abstrações da ética filosófica. Todavia – e tirando uma "experiência geral" um tanto vaga –, não fica completamente claro por que a vida e o potencial sofrimento da minha neta me atingiram com uma intensidade tão singular. De qualquer maneira, consigo associar a intensidade da minha preocupação com a intensidade da alegria que senti quando Clara reconheceu meu rosto pela primeira vez – com a alegria de nós dois quando, ela sentada no meu colo, vimos um livro de desenhos.

É seguro afirmar que todos nós sentimos um anseio especial por momentos de presença no nosso amplo presente. Não chamaria de "otimismo" pretender encontrá-los – alcançá-los e estar aberto à sua plenitude. Ao contrário, é uma questão de desejo-de-presença. Abandonar isso – ou sacrificá-lo à pseudo-obrigação intelectual de crítica permanente – seria, de fato, pedir muito.

Referências bibliográficas

ARENDT, H. *The Human Condition*. Chicago: Chicago University Press, 1958. [Ed. bras.: *A condição humana*. 12.ed. São Paulo: Forense Universitária, 2014.]

BEYNON, J.; DUNKERLEY, D. (Orgs.). *Globalization*: The Reader. Nova York: Routledge, 2000.

BHABHA, H. *Location of Culture*. Londres: Routledge, 1995.

BOHRER, K. H. *Der Abschied. Theorie der Trauer*. Frankfurt: Suhrkamp, 1996.

_____. *Plötzlichkeit*. Zum Augenblick des ästhetischen Scheins. Frankfurt: Suhrkamp, 1981.

BROECKLING, U.; KRASMANN, S.; LEMKE, T. (Orgs.). *Glossar der Gegenwart*. Frankfurt: Suhrkamp, 2004.

GADAMER, H. G. *Hermeneutik, Aesthetik, Praktische Philosophie* (organizado por Carsten Dutt). 3 Auflage. Heidelberg: Universitätsverlag Winter, 2000.

GUMBRECHT, H. U. Ausdruck. In: BARCK, K. et al. (Orgs.). *Ästhetische Grundbegriffe*. v.1. Stuttgart: Metzler, 2000.

_____. Bibliothek ohne Buch. *Frankfurter Allgemeine Zeitung*, 19 mar. 2008.

_____. Die Gegenwart wird immer breiter. *Merkur*, n.629-30, p.769-84, 2001.

GUMBRECHT, H. U. *Diesseits der Hermeneutik*. Die Produktion von Praesenz. Frankfurt: 2004. [Ed. ing.: *Production of Presence*. Standford: Standford University Press, 2003.] [Ed. bras.: *Produção de presença*: o que o sentido não consegue transmitir. Rio de Janeiro: Contraponto Editora/ PUC-Rio, 2010.]

_____. Diesseits des Sinns. Ueber eine neue Sehnsucht nach Substantialitaet. *Merkur*, 677-8, p.749-60, 2005.

_____. *Elogio da beleza atlética*. São Paulo: Companhia das Letras, 2007. [Ed. ing.: *In Praise of Athletic Beauty*. Cambridge: Harvard University Press, 2006.]

_____. Gators in the Bayou: What We Have Lost in Disenchantment? In: LANDY, J.; SALER, M. (Orgs.). *The Re-Enchantment of the World*: Secular Magic in a Rational Age. Berkeley: University of California Press, 2009.

_____. Rhythm and Meaning. In: _____; PFEIFER, K. L. (Orgs.). *Materialities of Communication*. Stanford: Stanford University Press, 1994.

_____. The Charm of Charms. In: WELLBERY, D. E.; RYAN, J. (Orgs.). *A New History of German Literature*. Cambridge: Harvard University Press, 2004.

_____. *The Powers of Philology*: Dynamics of Textual Scholarship. Chicago: University of Chicago Press, 2003. [Ed. alemã: *Die Macht der Philologie*. Über einen verborgenen Impuls im wissenschaftlichen Umgang MIT Texten. Frankfurt: Suhrkamp, 2003.]

HARRISON, R. *Forests*: The Shadow of Civilization. Chicago: Chicago University Press, 1992.

_____. *Gardens*: An Essay on the Human Condition. Chicago: Chicago University Press, 2008.

_____. *The Dominion of the Dead*. Chicago: Chicago University Press, 2003.

HEIDEGGER, M. *An Introduction to Metaphysics*. New Haven: Yale University Press, 1986.

_____. Building Dwelling Thinking (1951). In: _____. *Poetry, Language, Thought*. Nova York: Harper and Row, 1975.

KROLL, G. M.; ROBBINS, R. H. (Orgs.). *World in Motion*: The Globalization and Environment Reader. Lanham, MD: AltaMira, 2009.

LANDY, J.; SALER, M. *Rational Reenchantment*. Berkeley: University of Berkeley Press, 2008.
LECHNER, F. J.; BOLI, J. *The Globalization Reader*. Malden, MA: Blackwell, 2000.
MERKUR. Sttutgart. Edição especial, 2005.
MICHIE, J. (Org.). *The Handbook of Globalization*. Cheltenham: Edward Elgar, 2003.
MITTELMAN, J. H. (Org.). *Globalization*: Critical Reflections. Londres: Lynne Rienner, 1996.
MITTELSTRASS, J. Focus – Global Science, the Future of Science: A Welcome Address, *European Review*, n.17, p.463-8, 2009.
NANCY, J.-L. *The Birth to Presence*. Stanford: Stanford University Press, 1993.
RACK, J. Bilder aus der globalisierten Welt. *Merkur*, n.723, p.736-42, 2009.
RHODE P. W.; TONIOLO, G. (Orgs.). *The Global Economy in the 1990s*: A Long-Run Perspective. Cambridge: Cambridge University Press, 2006.
ROBERTS, T; HITE, A. B. (Orgs.). *The Globalization and Development Reader*: Perspectives on Development and Global Change. Malden, MA: Blackwell, 2007.
SASSEN, S. *Globalization and Its Discontents*. Nova York: New Press, 1998.
SCHRÖDINGER, E. Autobiographical Sketches. In: _____. *What Is Life?* Cambridge: Cambridge University Press, 1992.
SCHÜTZ, A.; LUCKMANN, T. *The Structures of the Life-World*. Evanston, IL: Northwestern University Press, 1973.
SLOTERDIJK, P. *You Must Change Your Life*. Cambridge: Polity, 2013.
VOGL, J. *Das Gespenst des Kapitals*. Berlim: Diafanes, 2010.

Índice remissivo

1984 (Orwell), 39, 105
A condição humana (Arendt), 57
A condição pós-moderna (Lyotard), 65, 103
A zona, 82-3
abstrato, 79
Académie Française, 47, 110
adição, 41, 77, 114, 118
Admirável mundo novo (Huxley), 105
Adorno, Theodor, 75
agência, 15, 65-6, 71
Agon, 81
Alemanha: cânone na, 109; clássicos na, 99
amálgama, entre linguagem e presença, 19-20, 24-9
amplo presente, 132-41; corpo em, 134-7; oscilações do, 132-9; sobrevivência em, 133-4; pensar em, 137-8

antropologia negativa, da comunicação, 33-58
aparelhos eletrônicos, 40-1; disponibilidade dos, 137; incorpóreo e, 122; conveniência dos, 122; debate sobre, 125; humanidades e, 68; hipercomunicação com, 113-29; decadência intelectual dos, 117; espaço e, 43, 122, 138; mediocridade espiritual dos, 125; estagnação e, 68-9; pensamento e, 137-8
aquecimento global, 15, 66
Arendt, Hannah, 57-8
Aristóteles, 138
arte, autonomia da, 71, 75
Ashford, Evelyn, 78
ausência, 22, 55, 125, 128
autonomia estética, 76

autorreferência, 16-7; sujeito cartesiano e, 43, 67, 107; globalização e, 55; na cultura do sentido, 23
autorreflexão, 54-6, 101, 137
autotransformação, 53-4

Bakhtin, Mikhail, 94
Barthes, Roland, 96
Baudelaire, Charles, 15, 66, 102
Beckham, David, 55, 90
Beckham, Victoria, 55
Benn, Gottfried, 98
Blackberry, 122-3
blogues, 125
Boccaccio, Giovanni, 110
Bohrer, Karl Heinz, 29, 108
Borges, Jorge Luis, 11
boxe, 90
Brasil, 33-4, 98
Bubner, Rüdiger, 19

cânone, 95, 99-100, 109-10
capitalismo, 65
Carta sobre o Humanismo (Heidegger), 140
casa do Ser, 20, 30-1
celebridade, 54
Céline, Louis-Ferdinand, 28, 96
celulares, 43, 120
Cervantes, Miguel de, 109, 111
Chomsky, Noam, 70
cirurgia plástica, 136
clássicos, 93-111; cronótopo para, 108-11; existencialismo e, 106; historicismo e, 103; instituições e, 100-5; suspeita dos, 106; caráter paradoxal dos, 99-100; tempo e, 104
coisa em si, 31
Comédie française, 110
computadores, vício em, 41
comunicação, 26, 41; *ver também* hipercomunicação
conquistas evolutivas, 118
consciência ecológica, 53
consciência, 11-4; disponibilidade da, 124; observação de segunda ordem, 101; *ver também* historicamente consciente
construção social da realidade, 133
construção social do tempo, 63, 67
Conze, Werner, 97
copia, 69
corpo: no amplo presente, 134-8; sujeito cartesiano e, 127; separação da mente, 43; esportes e, 49
correio eletrônico, 35, 113, 115
crítica cultural, 13, 17, 76, 134
cronótopo, 14-7; do amplo presente, 70; para clássicos, 110-1; na globalização, 131; como consciência histórica, 65, 68, 131; historicismo, 102-5; poder do Estado e, 105; tempo e, 95; transformação do, 95
cultura da presença, 20, 22, 23-4
cultura do significado, 22-4

cultura ocidental, 13, 41-4, 53-4, 127
cultura, 71-2, 76; artificial, 57; evento extasiante, 73; sentido, 20, 22-3; presença, 19-20, 22-3; Ocidente, 13, 41-4, 53-4, 127
curadores, 73

d'Alembert, Jean le Rond, 100
Dante, 110
Darwin, Charles, 64
Das Geviert (quádruplo), 56
Dasein, coisas e o, 31
de Man, Paul, 21, 61
de Vega, Lope, 98
debate, em dispositivos eletrônicos, 125-6
decadência intelectual, 70, 94, 117
Deleuze, Gilles, 96
derivativos, 55, 133-4
Derrida, Jacque, 61, 96
desconstrução, existencialismo linguístico da, 21
desencantamento, 17, 79, 89, 90, 129
desinteresse, da experiência estética, 78-9
desvelamento do Ser, 81
Deus, 37
deuses, 80-1
Diderot, Denis, 97, 100
disastre financeiro, 55, 133
Disneylândia, 38-9
disponibilidade, 123-6, 137

distúrbios alimentares, 137
Dom Quixote (Cervantes), 109
Du musst dein Leben aendern (Sloterdijk), 53

eminência, dos clássicos, 99
Enciclopédia (Diderot e d'Alembert), 100
Encontros e desencontros (filme), 45
epifania, 29-30, 79, 89
epistemologia, 13-4, 17, 48, 63, 102
Erleben (experiência vívida), 45
Erlebnis-Urlauben (férias de aventura), 46
escala temporal, 52
espaço: aparelhos eletrônicos e, 42, 121, 137; informação e, 48-55
espectadores, dos esportes, 83-4, 88
espiritualização radical, 17
esportes: corpo e, 49; intensidade focalizada com, 77-91; globalização e, 49; deuses nos, 80-2; na Grécia, 80-3; heróis na, 80, 90; reencantamento e, 89, 90; espectadores dos, 83-4, 88; estádios para, 85-9
estagnação: experiência estética e, 76; aparelhos eletrônicos e, 68-9; consciência histórica e, 62-3; nas Humanidades, 59-76; nuance e, 74
estar na zona, 82-3
evento da Verdade, 81

eventos culturais extasiantes, 73
existência espiritual, na presença da cultura, 23
existência física, 23; da linguagem, 24
existencialismo ecológico, 57
existencialismo linguístico, 21
existencialismo, 36, 88; clássicos e, 106; ecológico, 57; linguístico, 21; regionalismo e, 51; pensamento e, 138
experiência estética, 26, 76, 80
experiência religiosa, do espectador de esportes, 85
experiência vívida (*Erleben*), 45
expressão, em hermenêutica, 31
êxtase temporal, 65-6

Facebook, 124
Fausto (Goethe), 72
favelas, 46
fenomenologia, 29
filologia, 25
filosofia, 63
Flaubert, Gustave, 97
Foucault, Michel, 13, 61, 63-4, 94, 96, 137
Furet, François, 96
futebol americano, 82, 87
futebol, 42, 90
futuro, 15, 48, 65-6, 104

Gadamer, Hans-Georg, 24, 99-100, 107
gênero, 50-1, 138

George, Stefan, 97
globalização: celebridade e, 54; cronótopo na, 131; comunicação e, 40; habitação e, 56-7; existencialismo e, 36; desastre financeiro e, 55; informação e, 35; modernização e, 43; antropologia negativa da, 33-58; passado e, 52; regionalização e, 52; autoimagem e, 40; autorreferência e, 54; esportes e, 49; tangibilidade e, 44; escala temporal e, 52; tempo e, 48-55 transformação e, 35; cultura ocidental e, 41-4
Goethe, Johann Wolfgang von, 26, 72
governança, 40, 47, 105
grandes pensadores, 138
Grécia, 80-3, 89-90, 100
Greenblatt, Stephen, 97

habitação, 57
Handeln (agência), 15, 65, 66, 71
Harrison, Robert, 57
Hebel, Johann-Peter, 96
Heidegger, Martin, 20, 23, 30-1, 56, 71, 81, 88, 106, 140; Ser, 30; piedade de leitura, 106
hermenêutica, 10, 21, 31
Hilton, Paris, 55
hipercomunicação, 113-29; disponibilidade da, 123-4
historicamente consciente, 14-5; como cronótopo, 65-8, 131; estagnação e, 62

historicismo, 48-9, 61, 99-100; cronótopo, 100-2; clássicos e, 104; presença do, 129
Hölderlin, Friedrich, 97
humanidade: equipamentos eletrônicos e, 69; romantismo e, 68; estagnação em, 59-76
Husserl, Edmund, 24, 67, 94, 131
Huxley, Aldous, 105

imagem corporal, 136-7
imitações de marca, 45, 47
incorporalidade, 49, 121
informação, 35, 48-55
intensidade focalizada, com esportes, 77-91
interpretação, 9-10, 20, 63
Introdução à Metafísica (Heidegger), 88
islamismo, 85

Jackson, Michael, 34
Jogos Pan-Helênicos, 81
John of Salisbury, 104
Joyce, James, 29

kabuki, 110
Kant, Immanuel, 78
Kleist, Heinrich von, 97-9, 106-8
Koselleck, Reinhart, 13-4, 63-4, 94, 100, 102
Kuhn, Thomas S., 61

latência, 11
Le Goff, Jacque, 96

Lemon, J. R., 82-3
Leroi Gourhan, André, 119
Lévi-Strauss, Claude, 96
linguagem: experiência estética e, 26; amálgama da, 20, 24-8; comunicação e, 26; casa do Ser e, 30-1; interpretação e, 20; na cultura do sentido, 23; misticismo e, 27; fenomenologia da, 29; filologia e, 25-6; existência física da, 23; presença e, 19-32; na cultura da presença, 23-4; ritmo da, 24; coisas e, 28; volume da, 24
Lorca, García, 98
Luhmann, Niklas, 13, 26, 66, 101, 118
Lyotard, Jean-François, 16, 65, 96, 103, 138-9

Martín Santos, Luis, 98
marxismo, 56
materialismo, 13
Memoria-Kultur, 66
mente, separação do corpo, 43
metafísica, 20-2
Micropouvoirs, 137
misticismo, 27
mobilização geral, 136-8
mobilização intransitiva, 16, 135
moda, 90
modernidade, 22-3, 38, 71, 79, 129
modernização, 17, 43
modo narrativo, de representação, 103

Morales, Pablo, 77-8
mudanças de paradigmas, 61
Musil, Robert, 69, 97, 109

nada, 88, 89
Nancy, Jean-Luc, 21
natalidade, 57
New Iberia, Louisiana, 126-7
Nietzsche, Friedrich, 25, 116
nô, 110
nomes, 28
novo historicismo, 61-2
nuance, 74

O homem sem qualidades (Musil), 69, 109
O pintor da vida moderna (Baudelaire), 66, 102
O vermelho e o negro (Stendhal), 109
Obama, Barack, 123
objetos: amplo presente e, 132; interpretação de, 63
observação de segunda ordem, 13, 101
Orwell, George, 39
oscilações, dentro do amplo presente, 132-9
Ouro Preto, Brasil, 33-4, 44

pacifismo, 134
passado, 15-6, 48, 52
pensando, no amplo presente, 137-8
perspectivismo, 64-5
Petrarca, 110

piercings, 50, 137
Píndaro, 80, 81
poder, 60, 105, 135-7
poemas-coisa, 28
Ponge, Francis, 28
presença: ausência e, 125; amálgama da, 20, 24-9; sujeito cartesiano e, 64-5; do historicismo, 128-9; interpretação e, 9-10; linguagem e, 19-32; como meramente transicional, 48; modernidade e, 23; otimismo na, 139; pessimismo com, 139; autorreferência na, 16-7; espalhando pouco da, 124; tangibilidade e, 44; coisas e, 22; qualidade transicional da, 104; *ver também* amplo presente
privacidade, 124
protesto civil, 134

quádruplo *(das Geviert)*, 56

Racine, Jean, 97
rádio, 118
reapropriação do corpo, 67
reencantamento, 79, 89, 90
reencantamento racional do mundo, 67
reflexividade, 53-4
reflexividade à distância, 132
Regietheater, 74
regionalização, 52
Reich-Ranicki, Marcel, 111

representação, 103
Res extensae, 22, 28, 31, 127
ritmo, da linguagem, 24
ritual, 71, 72
robôs, 39-40
Rosenkavalier (Strauss), 74

sagrado, 79, 85-6
Sattelzeit (tempo-sela; período-sela), 13
Schiller, Friedrich, 97
Schlegel, Friedrich, 101
Schmidt, Helmut, 75
Schroedinger, Erwin, 28
Segunda Guerra Mundial, 11
Ser e tempo (Heidegger), 23, 71
Ser-no-mundo, 23, 119
Ser: casa do, 20, 30-1; desvelamento do, 81
Serres, Michel, 96
sexualidade, 135
Shakespeare, William, 97, 110
simultaneidade, 66
Sloterdijk, Peter, 53-4, 135
sobredeterminação poética, 27
sobrevivência, 132-3
socialismo, 65
socialização eletrônica, 42
software, 13
Sputnik, 57, 59-60
Stendhal, 109
Stimmung (humor, atmosfera), 11

Strauss, Richard, 74
sujeito cartesiano, 22, 64, 104, 127; epistemologia e, 48; historicismo e, 48-9; autorreferência e, 43, 67, 104
sujeito/subjetividade, na cultura do sentido, 22-3

tangibilidade, 44
tatuagens, 50, 137
televisão, 118
tempo: cronótopo e, 95; clássicos e, 104; epifania e, 29; globalização e, 47-54; consciência histórica e, 14; construção social do tempo, 63, 67
Teresa de Avila (Santa), 27
tempo histórico, 15-6, 94, 131
Terra do Futuro, 38

üben (exercício), 53
União Soviética, 59-60

Vale do Silício, 54, 118
viagem espacial, 39, 58
violência, corpo e, 135-7
viragem linguística, 133
Vogel, Henriette, 98
Voltaire, 97

Weber, Max, 89
websites, 125

SOBRE O LIVRO

Formato: 14 x 21 cm
Mancha: 23,5 x 39 paicas
Tipologia: Venetian 301 BT 12,5/16
Papel: Off-white 80 g/m² (miolo)
Cartão Supremo 250 g/m² (capa)
1ª *edição*: 2015

EQUIPE DE REALIZAÇÃO

Edição de texto
Tomoe Moroizumi (Copidesque)
Nair Hitomi Kayo (Revisão)

Capa
Marcelo Girard

Imagem de capa
Chair in Wooden Room Surrounded by Light Bulbs —
Tim McConville / Corbis / Latinstock

Editoração eletrônica
Sergio Gzeschnik (Diagramação)

Assistência editorial
Jennifer Rangel de França

202305030400600